기초 탄탄 일본어

임태균 · 이시윤 · 아이자와 유카 공저

신아사

머리말

일본 하면 흔히 떠오르는 수식어는 '가깝고도 먼 나라'라는 말일 것입니다. 지정학적으로 동아시아의 어느 나라보다도 가까운 위치에 있으면서 활발한 교류가 있어 왔지만, 역사적으로 껄끄러운 문제들이 산적해 있는 나라이기도 하기 때문일 것입니다. 어찌 보면 '애증의 관계'에 있다고도 할 수 있을 정도로 역사적인 문제로 대립하기도 하지만, 대학생들이 해외여행으로 가장 가고 싶어 하는 나라, 직장인 및 구직자들의 해외취업 선호국가 중에서 단연 1순위로 손꼽히는 나라이기도 합니다. 또한 만화, 애니메이션, 드라마, 게임, J-pop 등의 일본 대중문화가 우리에게 친숙한 존재가 된 지 오래입니다.

다양한 이유와 경로로 일본어를 접하는 인구가 늘어나고 있는 요즘, 일본어 관련 교재 역시 시중에 많이 나와 있는 실정입니다. 하지만 본문 내용이나 문법설명, 문형연습 등 기존의 획일적인 구성과 내용에서 벗어난 차별화된 교재는 찾아보기 힘든 것이 사실입니다.

외국어를 배우는 가장 큰 목적은 무엇보다도 외국어에 의한 커뮤니케이션 능력을 갖추기 위한 것이라 할 수 있습니다. 이 교재는 일본어의 문자와 발음을 비롯하여 기초적 수준의 일본어 커뮤니케이션 능력을 구사할 수 있도록 구성된 일본어의 기초실력을 다지기 위한 최적의 어학 교재라 자부합니다.

이 책의 구성은 '기초탄탄일본어'라는 제목에서 알 수 있듯이, 일본어의 문자와 발음으로부터 시작하여 기초적인 문법과 문장, 의사표현에 이르기까지 실력을 탄탄하게 다져나가는 데 그 특징이 있습니다. 1과부터 5과까지는 일본어의 문자인 '히라가나'와 '가타카나'쓰기와 발음 학습에 지면을 할애했습니다. 또한 6과에서는 이렇게 익힌 일본어 문자와 발음을 토대로 일상생활에서 흔히 이루어지는 기본적인 인사말을 익히도록 했습니다. 이어서 7과부터 12과까지는 한줄 포인트, 기본 회화, 문법 설명, 연습문제, 일본대중문화 코너의 순서로 각 과를 구성하였습니다.

특히 각 과의 첫 페이지에 한줄 포인트 코너를 마련함으로써 주요 문장표현에 대해서 미리 학습할 수 있도록 하였습니다. 또한 각 과에 마련된 문법 설명에서는 일반 초급일본어 교재의 획일적인 설명을 지양하고 학습자의 입장에서 최대한 이해하기 쉬운 설명방식을 취하였습니다. 한편 다양한 연습문제 풀이를 통해 문법과 문형에 대한 이해도를 높이도록 하였습니다. 더불어 이 책은 일본대중문화 소개 코너를 마련함으로써 일본의 대중문화와 관련한 기초지식도 쌓을 수 있게 구성하였습니다.

아무쪼록 이 책으로 일본어의 기초를 탄탄하게 닦아 여러분이 원하는 계획대로 좋은 결실을 맺게 되기를 바라마지 않습니다.

기초탄탄일본어
저자 일동

제　목

	학 습 내 용
1과	히라가나(1) あ행~な행
2과	히라가나(2) は행~ん
3과	일본어의 여러 발음(1) ① 탁음 ② 반탁음 ③ 발음(撥音)
4과	일본어의 여러 발음(2) ① 장음 ② 촉음 ③ 요음
5과	가타카나
6과	일본어의 인사말
7과	① 명사+は, 명사+です, 명사+ですか ② 명사+じゃありません ③ 명사+の ④ こ · そ · あ · ど(지시사)
8과	① 숫자 읽기(0~10) ② 전화번호 읽기 ③ 시간(시/분) 읽기 ④ ~から, ~まで
9과	① い형용사 긍정형 ② い형용사 부정형 ③ い형용사 연결형 ④ い형용사 명사 수식형
10과	① な형용사 긍정형 ② な형용사 부정형 ③ な형용사 연결형 ④ な형용사 명사 수식형
11과	① 가격 물어보기 ② 숫자 읽기(10~90000) ③ 수를 세는 고유 표현 ④ ~を(ください)
12과	① 2가지 비교(1) ~と~とどちらが ② 2가지 비교(2) ~より~のほうが ③ 3가지 이상 비교 ~の中で~が一番 ④ 가족호칭

1과

히라가나[1]

ひらがな

학습내용

1. 일본의 문자
2. 히라가나(ひらがな)
3. 히라가나의 문자표(五十音図)
4. 히라가나 쓰기연습(あ행～な행)

일본 대중문화 소개

야구

1. 일본의 문자

일본어의 문자는 크게 한자와 가나로 나눌 수 있다. 가나문자는 히라가나와 가타카나로 구분하는데 가타카나는 외래어, 의성어, 의태어 등에 사용한다.

일본어 속 문자

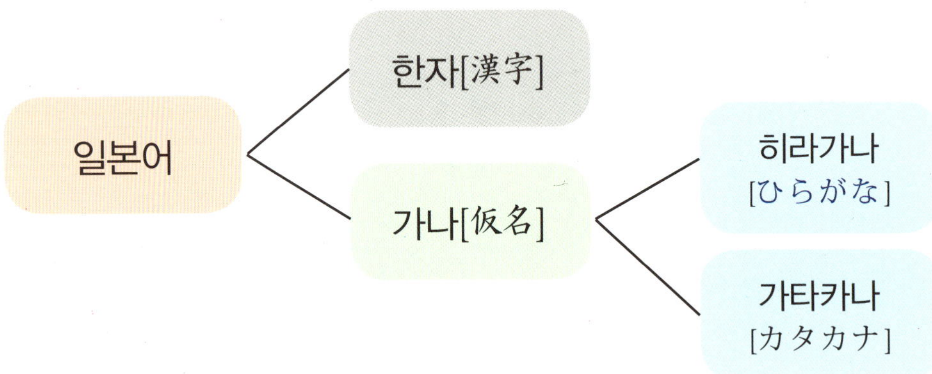

2. 히라가나(ひらがな)

히라가나는 한자의 초서체(흘림체)를 통째로 변형시켜 만든 글자이다. 9세기 말에서 10세기 경에 만들어진 것으로 귀족 여성들이 시를 쓸 때나 수필, 서간문에서 많이 사용되었다. 히라가나는 몇 가지 형태로 사용되어 왔는데 1900년에 발표된 소학교령에 의해 현재의 46자로 통일되어 일본어의 기본 문자가 되었다.

예 安→あ

한자가 히라가나가 되기까지

无 ん	和 わ	良 ら	也 や	末 ま	波 は	奈 な	太 た	左 さ	加 か	安 あ
	為 ゐ	利 り		美 み	比 ひ	仁 に	知 ち	之 し	機 き	以 い
		留 る	由 ゆ	武 む	不 ふ	奴 ぬ	川 つ	寸 す	久 く	宇 う
	恵 ゑ	礼 れ		女 め	部 へ	祢 ね	天 て	世 せ	計 け	衣 え
	遠 を	呂 ろ	与 よ	毛 も	保 ほ	乃 の	止 と	曽 そ	己 こ	於 お

3. 히라가나의 문자표(五十音図(ごじゅうおんず))

히라가나를 각 행과 단으로 구분 지어 만들어 놓은 것이 50음도이다. 자음이 같은 것을 같은 행(行(ぎょう))으로, 모음이 같은 것을 같은 단(段(だん))으로 배열하고 있다. 행에는 あ행 · か행 · さ행 · た행 · な행 · は행 · ま행 · や행 · ら행 · わ행이 있다.

행 \ 단	あ단	い단	う단	え단	お단
あ행	あ	い	う	え	お
	a	i	u	e	o
か행	か	き	く	け	こ
	ka	ki	ku	ke	ko
さ행	さ	し	す	せ	そ
	sa	shi	su	se	so
た행	た	ち	つ	て	と
	ta	chi	tsu	te	to
な행	な	に	ぬ	ね	の
	na	ni	nu	ne	no
は행	は	ひ	ふ	へ	ほ
	ha	hi	fu	he	ho
ま행	ま	み	む	め	も
	ma	mi	mu	me	mo
や행	や		ゆ		よ
	ya		yu		yo
ら행	ら	り	る	れ	ろ
	ra	ri	ru	re	ro
わ행	わ				を
	wa				o
	ん				
	n				

4. 히라가나 쓰기연습 (あ행~な행)

あ행 문자 연습

あ a	あ	あ	あ		
い i	い	い	い		
う u	う	う	う		
え e	え	え	え		
お o	お	お	お		

あ행 단어 연습

단어	그림	따라 쓰기		
あい (사랑)		あい	あい	
いえ (집)		いえ	いえ	
あう (만나다)		あう	あう	
うえ (위)		うえ	うえ	
あお (청색)		あお	あお	

か행 문자 연습

か ka	か	か	か		
き ki	き	き	き		
く ku	く	く	く		
け ke	け	け	け		
こ ko	こ	こ	こ		

か행 단어 연습

단어	그림			
かお (얼굴)		かお	かお	
えき (역)		えき	えき	
きく (국화)		きく	きく	
いけ (연못)		いけ	いけ	
こえ (목소리)		こえ	こえ	

さ행 문자 연습

さ sa	さ	さ	さ		
し shi	し	し	し		
す su	す	す	す		
せ se	せ	せ	せ		
そ so	そ	そ	そ		

さ행 단어 연습

단어	그림			
かさ (우산)		かさ	かさ	
あし (발)	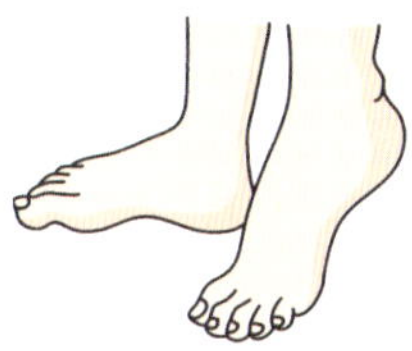	あし	あし	
いす (의자)	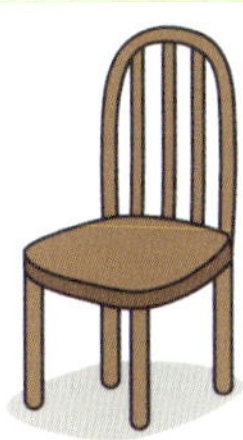	いす	いす	
せかい (세계)		せかい	せかい	
うそ (거짓말)		うそ	うそ	

た행 문자 연습

た ta	た	た	た		
ち chi	ち	ち	ち		
つ tsu	つ	つ	つ		
て te	て	て	て		
と to	と	と	と		

た행 단어 연습

단어	그림	따라 쓰기		
うた (노래)		うた	うた	
くち (입)		くち	くち	
つくえ (책상)		つくえ	つくえ	
ちかてつ (지하철)		ちかてつ	ちかてつ	
おと (소리)		おと	おと	

な행 문자 연습

な na	な	な	な		
に ni	に	に	に		
ぬ nu	ぬ	ぬ	ぬ		
ね ne	ね	ね	ね		
の no	の	の	の		

な행 단어 연습

さかな (생선)		さかな	さかな
にく (고기)	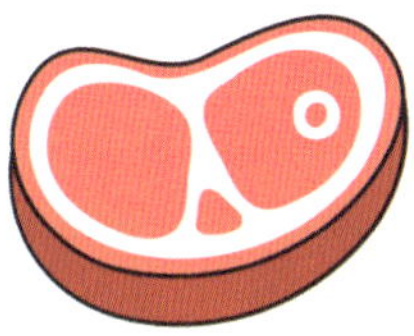	にく	にく
いぬ (개)		いぬ	いぬ
ねこ (고양이)		ねこ	ねこ
きのこ (버섯)		きのこ	きのこ

5. あ행~な행 연습문제

1. 히라가나와 같은 발음을 연결해 보세요.

1	2	3	4	5	6
す	う	せ	と	き	な
u	na	su	ki	se	to

2. 로마자에 맞는 히라가나를 써 보세요.

① se →　　　② ko →

③ ta →　　　④ shi →

3. 보기에서 우리말에 해당하는 단어를 찾아 써 보세요.

보기　さかな　いけ　ちかてつ　つくえ　かさ

① 연못 ____________

② 우산 ____________

③ 생선 ____________

④ 지하철 ____________

4. 두 글자의 행이 맞으면 ○, 틀리면 ×표 하세요.

① と·つ ☐

② に·た ☐

③ き·せ ☐

5. 빈칸에 들어갈 히라가나를 써 보세요.

	あ행	か행	さ행	た행	な행
あ단		か		た	
い단	い		し		に
う단		く		つ	
え단	え		せ		ね
お단		こ		と	

일본 대중문화 소개

1) 야구

일본에서 가장 대중화되고 인기 있는 스포츠는 야구다. 일본 프로야구의 역사는 1934년 대일본도쿄야구클럽(현, 요미우리 자이언츠)이 설립되고 1936년 일본직업야구연맹(JPBL)이 조직되면서 시작되게 된다. 현재 일본의 프로야구는 센트럴리그와 퍼시픽리그의 양대 리그 12개 구단에 의해 페넌트레이스가 전개되는데, 정규시즌 종료 후 클라이맥스 시리즈(플레이오프)를 거쳐 두 리그의 왕중왕을 겨루는 재팬 시리즈를 치르게 된다.

1인 1기 교육이 기본인 일본에서는 특별활동에 큰 의미를 두는데, 이러한 교육의 탓인지 학원 야구의 인기 역시 매우 높다. 일본 고교야구의 성지인 효고현 니시노미야시의 한신 고시엔 구장에서는 매년 전국고교야구 선수권대회가 개최되어 많은 이들의 관심을 불러일으킨다. 무려 4000여개의 고교야구 팀이 지방예선을 거쳐 이 중 49개의 고교가 출장하는 전국고교야구선수권대회 '여름의 고시엔(夏の甲子園)'은 야구소년들이라면 누구나 출전을 꿈꾸는 꿈의 향연이다.

2과

히라가나 [2]

ひらがな

학습내용
히라가나 쓰기연습(は행~ん)

일본 대중문화 소개
인터넷카페

1. 히라가나 연습(は행~ん)

は행 문자 연습

は	は	は	は		
ha					
ひ	ひ	ひ	ひ		
hi					
ふ	ふ	ふ	ふ		
fu					
へ	へ	へ	へ		
he					
ほ	ほ	ほ	ほ		
ho					

は행 단어 연습

はな (꽃)	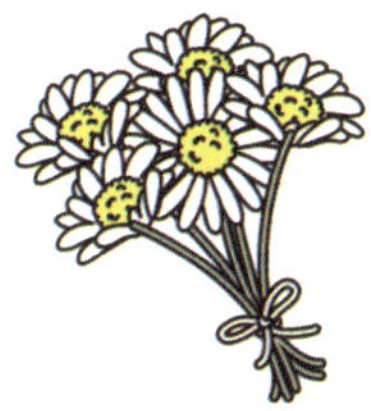	はな	はな	
ひと (사람)	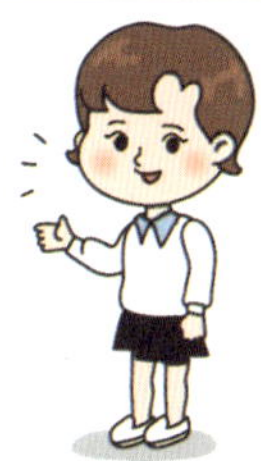	ひと	ひと	
さいふ (지갑)	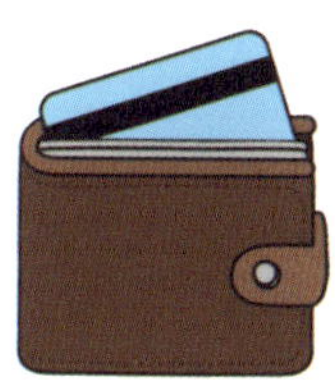	さいふ	さいふ	
へそ (배꼽)	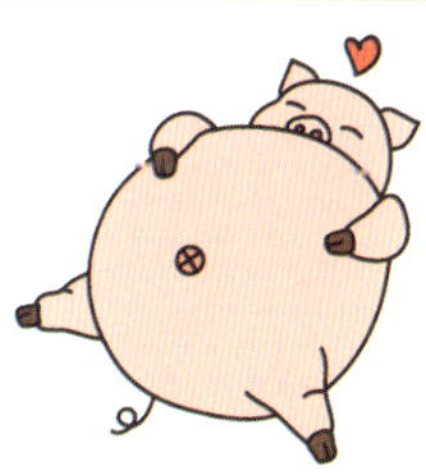	へそ	へそ	
ほし (별)		ほし	ほし	

ま행 문자 연습

ま ma	ま	ま	ま		
み mi	み	み	み		
む mu	む	む	む		
め me	め	め	め		
も mo	も	も	も		

ま행 단어 연습

なまえ (이름)	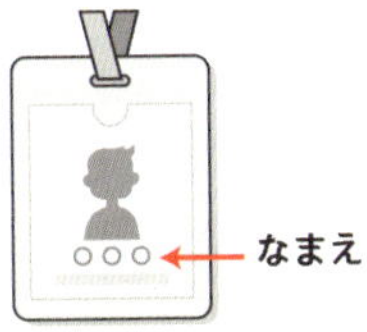	なまえ	なまえ	
みせ (가게)	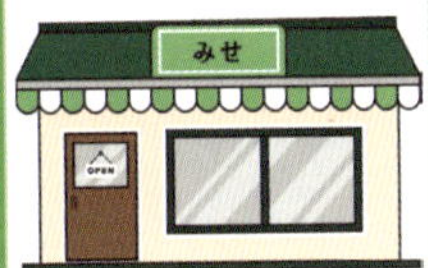	みせ	みせ	
むし (벌레)	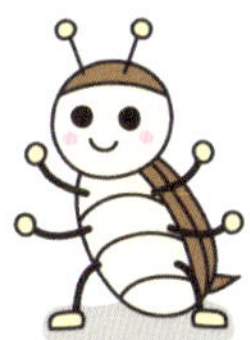	むし	むし	
あめ (비)	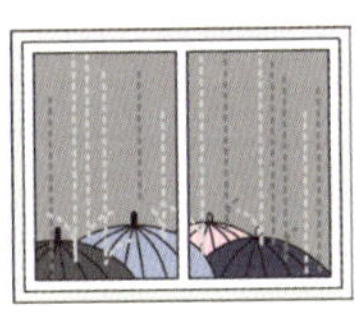	あめ	あめ	
もち (떡)	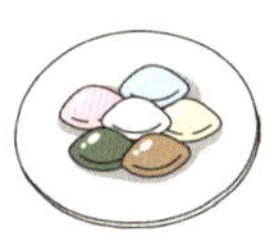	もち	もち	

や행 문자 연습

や ya	や	や	や		
ゆ yu	ゆ	ゆ	ゆ		
よ yo	よ	よ	よ		

や행 단어 연습

단어	그림			
やま (산)		やま	やま	
ふゆ (겨울)		ふゆ	ふゆ	
よる (밤)		よる	よる	

ら행 문자 연습

ら ra	ら	ら	ら		
り ri	り	り	り		
る ru	る	る	る		
れ re	れ	れ	れ		
ろ ro	ろ	ろ	ろ		

ら행 단어 연습

そら (하늘)		そら	そら	
くすり (약)	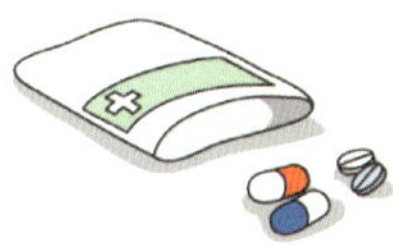	くすり	くすり	
さる (원숭이)		さる	さる	
れきし (역사)		れきし	れきし	
いろ (색깔)		いろ	いろ	

わ행+ん 문자 연습

わ wa	わ	わ	わ		
を o	を	を	を		
ん n	ん	ん	ん		

わ행+ん 단어 연습

にわ (정원)	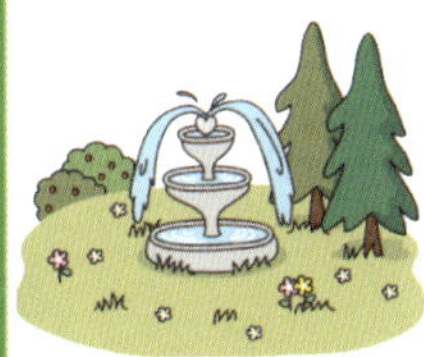	にわ にわ
ほんを よむ (책을 읽다)	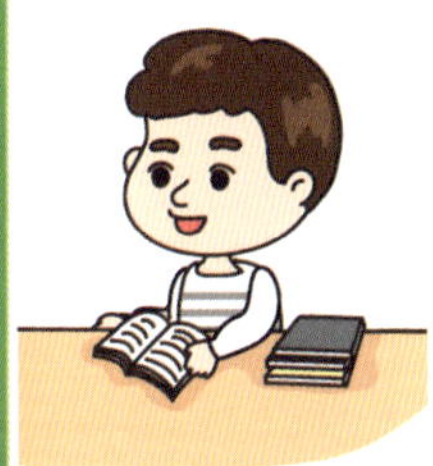	ほんをよむ
にほん (일본)	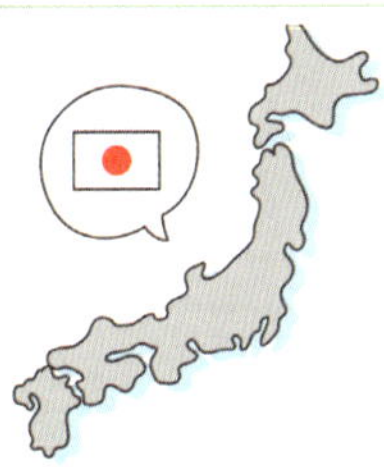	にほん にほん

✽ 구별해서 써 보기

あ			
お			

い			
り			

き			
さ			

さ			
ち			

ぬ			
め			

ね			
れ			

は			
ほ			

る			
ろ			

2. は행~ん 연습문제

1. 히라가나와 같은 발음을 연결해 보세요.

1	2	3	4	5	6
れ	や	み	ほ	ん	む
ho	re	mu	ya	mi	n

2. 로마자에 맞는 히라가나를 써 보세요.

① hi →　　　② ro →

③ ma →　　　④ yu →

3. 보기에서 우리말에 해당하는 단어를 찾아 써 보세요.

보기 さいふ　くすり　さる　あめ　にわ

① 비 ______________

② 지갑 ______________

③ 정원 ______________

④ 원숭이 ______________

4. 두 글자의 단이 맞으면 ○, 틀리면 ×표 하세요.

① は·ら ☐　　② へ·を ☐　　③ も·み ☐

5. 빈칸에 들어갈 히라가나를 써 보세요.

	は행	ま행	や행	ら행	わ행
あ단		ま		ら	
い단	ひ				
う단		む	ゆ	る	
え단	へ				
お단		も		ろ	を

2) 인터넷카페

일본에도 우리나라의 pc방에 해당하는 인터넷카페(インターネットカフェ)가 있다. 인터넷카페는 넷카페(ネットカフェ), 네카페(ネカフェ), 넷킷사(ネット喫茶) 등의 명칭으로도 불리고 있다. 기존의 망가 킷사(漫画喫茶)에 인터넷을 설치한 것에서 비롯되어 만화나 잡지는 물론, 인터넷과 게임 등을 즐길 수 있다. 우리나라와는 달리 싱글 개인실이나 페어실과 더불어 신발을 벗고 들어가 편히 쉴 수 있는 플랫실, 3명 이상이 이용할 수 있는 리빙 룸 등으로 운영된다. 무료 드링크 바와 당구대, 탁구대, 다트, 가라오케 등 레저 시설을 갖추고 있는 곳도 있는가 하면, 샤워 룸과 마사지기 등이 완비된 곳도 있다. 가격이 저렴한 편이라 숙소를 잡기 어려울 때 이용하는 사람들도 있다. 한편 홈리스의 일종으로 일정한 주거지가 없이 숙박 용도로 인터넷카페를 이용하는 사람들을 이른바 '인터넷 카페 난민'이라고 하는데, 이들 '인터넷 카페 난민'의 증가는 사회문제로까지 대두되고 있다.

Note

3과

발음 [1]

학습내용

1. 일본어의 여러 발음(1)
2. 탁음 쓰기연습
3. 반탁음 쓰기연습
4. 발음(撥音) 쓰기연습

일본 대중문화 소개

코믹마켓

1. 일본어의 여러 발음(1)

일본어에는 청음(清音), 탁음(濁音), 반탁음(半濁音), 요음(拗音), 촉음(促音), 발음(撥音), 장음(長音)이 있다.

1) 청음(清音)

맑은 소리를 의미하는 말로 어떠한 부호도 붙지 않는다.

2) 탁음(濁音)

탁한 소리를 의미하는 말로 탁음 부호가 붙는다. 성대를 울려서 소리를 낸다. か행 · さ행 · た행 · は행에서만 탁음이 발생한다.

が ga	**ぎ** gi	**ぐ** gu	**げ** ge	**ご** go
ざ za	**じ** ji	**ず** zu	**ぜ** ze	**ぞ** zo
だ da	**ぢ** ji	**づ** zu	**で** de	**ど** do
ば ba	**び** bi	**ぶ** bu	**べ** be	**ぼ** bo

3) 반탁음(半濁音)

は행의 오른 쪽 위에 반탁음 부호를 붙여서 나타낸다. 단어 첫머리에 올 때는 우리말의 'ㅍ'과 'ㅃ'의 중간 음으로 발음하고, 단어 중간에 올 때는 'ㅃ'에 가깝게 발음한다.

ぱ pa	**ぴ** pi	**ぷ** pu	**ぺ** pe	**ぽ** po

4) 발음(撥音[はつおん]) - 특수음 ん을 가리키며, 우리말의 받침과 같은 역할을 한다. 뒤에 오는 글자에 따라 발음이 결정되며 한 음절로 발음한다.

① [m](ㅁ) - ま행, ば행, ぱ행 앞에 올 때

예 さんま(꽁치)、ぜんぶ(모두)、えんぴつ(연필)

② [n](ㄴ) - な행, だ행, た행, さ행, ざ행, ら행 앞에 올 때

예 あんない(안내)、ほんだな(책장)、せんたく(세탁)、けんさ(검사)、かんじ(한자)、べんり(편리함)

③ [ŋ](ㅇ) - あ행, は행, か행, が행, わ행, や행 앞에 올 때와 말의 끝에 올 때

예 れんあい(연애)、まんねんひつ(만년필)、てんき(날씨)、おんがく(음악)、でんわ(전화)、ほんや(서점)、じかん(시간)

2. 탁음 쓰기연습

が행 문자 연습

が	が	が	が		
ga					
ぎ	ぎ	ぎ	ぎ		
gi					
ぐ	ぐ	ぐ	ぐ		
gu					
げ	げ	げ	げ		
ge					
ご	ご	ご	ご		
go					

が행 단어 연습

めがね (안경)	めがね	めがね
かぎ (열쇠)	かぎ かぎ	
かぐ (가구)	かぐ かぐ	
おみやげ (선물)	おみやげ	おみやげ
いちご (딸기)	いちご	いちご

ざ행 문자 연습

ざ za	ざ	ざ	ざ		
じ ji	じ	じ	じ		
ず zu	ず	ず	ず		
ぜ ze	ぜ	ぜ	ぜ		
ぞ zo	ぞ	ぞ	ぞ		

ざ행 단어 연습

단어				
ひざ (무릎)	ひざ	ひざ		
あじ (맛)	あじ	あじ		
みず (물)	みず	みず		
かぜ (바람)	かぜ	かぜ		
かぞく (가족)	かぞく		かぞく	

だ행 문자 연습

だ da	だ	だ	だ		
ぢ ji	ぢ	ぢ	ぢ		
づ zu	づ	づ	づ		
で de	で	で	で		
ど do	ど	ど	ど		

だ행 단어 연습

ともだち (친구)	ともだち	ともだち
はなぢ (코피)	はなぢ	はなぢ
こづつみ (소포)	こづつみ	こづつみ
でぐち (출구)	でぐち	でぐち
まど (창문)	まど まど	

ば행 문자 연습

ば ba	ば	ば	ば		
び bi	び	び	び		
ぶ bu	ぶ	ぶ	ぶ		
べ be	べ	べ	べ		
ぼ bo	ぼ	ぼ	ぼ		

ば행 단어 연습

ばら (장미)	ばら	ばら		
はなび (불꽃놀이)	はなび		はなび	
てぶくろ (장갑)	てぶくろ		てぶくろ	
なべ (냄비)	なべ	なべ		
ぼく (나)	ぼく	ぼく		

3. 반탁음 쓰기연습

ぱ행 문자 연습

ぱ pa	ぱ	ぱ	ぱ		
ぴ pi	ぴ	ぴ	ぴ		
ぷ pu	ぷ	ぷ	ぷ		
ぺ pe	ぺ	ぺ	ぺ		
ぽ po	ぽ	ぽ	ぽ		

ぱ행 단어 연습

せんぱい (선배)	せんぱい	せんぱい
ぴかぴか (반짝반짝)	ぴかぴか	ぴかぴか
てんぷら (튀김)	てんぷら	てんぷら
ぺらぺら (술술 말하는 모양)	ぺらぺら	ぺらぺら
たんぽぽ (민들레)	たんぽぽ	たんぽぽ

4. 발음(撥音) 쓰기연습

① [m](ㅁ)

さんま (꽁치)	さんま		
ぜんぶ (전부)	ぜんぶ		
えんぴつ (연필)	えんぴつ		

② [n](ㄴ)

あんない (안내)	あんない		
ほんだな (책장)	ほんだな		
せんたく (세탁)	せんたく		
けんさ (검사)	けんさ		
かんじ (한자)	かんじ		
べんり (편리)	べんり		

③ [ŋ](ㅇ)

れんあい (연애)	れんあい		
まんねんひつ (만년필)	まんねんひつ		
てんき (날씨)	てんき		
おんがく (음악)	おんがく		
でんわ (전화)	でんわ		
ほんや (서점)	ほんや		
じかん (시간)	じかん		

5. 탁음, 반탁음, 발음(撥音) 연습문제

1. 히라가나와 같은 발음을 연결해 보세요.

1	2	3	4	5	6
ぴ	ど	べ	が	ぶ	ぜ
be	ze	pi	do	ga	bu

2. 로마자에 맞는 히라가나를 써 보세요.

① gi →　　　　　　② ba →

③ ji →　　　,　　　④ zu →　　　,

3. 보기에서 우리말에 해당하는 단어를 찾아 써 보세요.

보기 ひざ　たんぽぽ　はなび　てぶくろ　いちご

① 딸기 ____________

② 무릎 ____________

③ 민들레 ____________

④ 불꽃놀이 ____________

4. 밑줄 친 발음이 같은 것끼리 짝지어 보세요.

① さんま ·　　　　　　· ④ じかん

② あんない ·　　　　　· ⑤ えんぴつ

③ でんわ ·　　　　　　· ⑥ せんたく

5. 빈칸에 들어갈 히라가나를 써 보세요.

	が행	ざ행	だ행	ば행	ぱ행
あ단	が				
い단		じ			
う단			づ		
え단				べ	
お단					ぽ

일본 대중문화 소개

3) 코믹마켓

동인지 즉석 판매회인 코믹마켓(통칭 '코미케')은 일본 오타쿠들의 '제전(祭典)'이자 '성전(聖典)'이라 일컬어지는 세계최대규모의 실내이벤트이다. 코믹마켓은 매년 8월과 12월 년2회, 도쿄국제전시장(도쿄 빅사이트)에서 3일간의 일정으로 개최되는데, 행사에는 평균 50만 명 이상이 방문한다. 2019년 제97회 대회에는 무려 32,000개 서클 75만 명이 참가할 정도의 성황을 이루었다.

코믹마켓의 기원은 1960년대에 만화독자층이 청년층과 대학생으로 확대되고 서클활동으로 만화연구회를 결성하기 시작하면서 전개된 동인지 활동에서 찾아볼 수 있다. 1975년 메이지대학의 만화 연구회인 '미궁75'에 의해 만화문화의 새로운 활로를 모색하고자 하는 움직임 속에서 1회 대회가 개최된 이래 젊은이들의 만화서브컬처를 이끌어가는 중심적 역할을 담당해오고 있다.

4과

발음[2]

학습내용

1. 일본어의 여러 발음(2)
2. 장음 쓰기연습
3. 촉음 쓰기연습
4. 요음 쓰기연습

일본 대중문화 소개

J-POP

1. 일본어의 여러 발음(2)

1) 장음 (長音(ちょうおん)) - 한 음절의 소리를 길게 늘여 두 음절 길이로 발음한다. 발음 길이 차이로 뜻이 달라지는 경우가 있어 주의가 필요하다.

① あ단+あ 예 おばあさん(할머니) ⇔ おばさん(아주머니)
おかあさん(어머니)

② い단+い 예 おじいさん(할아버지) ⇔ おじさん(아저씨)
おにいさん(형, 오빠)

③ う단+う 예 ゆうき(용기) ⇔ ゆき(눈)
じゆう(자유)

④ え단+え 예 おねえさん(누나, 언니) ⇔ おねさん(×)

え단+い 예 ゆうめい(유명) ⇔ ゆめ(꿈)
えいが(영화)、とけい(시계)

⑤ お단+お 예 おおい(많다) ⇔ おい(남자 조카)
とおい(멀다)

お단+う 예 こうこう(고등학교) ⇔ ここ(여기)
ぼうし(모자)、ひこうき(비행기)

2) 촉음 (促音(そくおん)) - 글자 오른쪽 아래에 작은 'っ'를 붙여 나타낸다. 우리말의 받침과 비슷한 역할을 하며 뒤에 오는 자음과 같은 음으로 발음한다. 한 음절로 발음한다.

① [k](ㄱ) - か행 앞에 올 때

예 さっき(아까), ゆっくり(천천히), がっこう(학교)

② [s](ㅅ) - さ행 앞에 올 때

예 ざっし(잡지), まっすぐ(곧장), けっせき(결석)

③ [t](ㄷ) - た행 앞에 올 때

예 みっつ(셋), きって(우표), もっと(더)

④ [p](ㅂ) - ぱ행 앞에 올 때

예 やっぱり(역시), きっぷ(표), いっぱい(많이)

3) 요음(拗音[ようおん]) - い단(い모음 제외)에 반모음 や, ゆ, よ를 작게 써서 표기한다. 요음은 두 글자를 합하여 한 음절로 발음한다.

きゃ kya	きゅ kyu	きょ kyo	ぎゃ gya	ぎゅ gyu	ぎょ gyo			
しゃ sha	しゅ shu	しょ sho	じゃ ja	じゅ ju	じょ jo			
ちゃ cha	ちゅ chu	ちょ cho	ぢゃ ja	ぢゅ ju	ぢょ jo			
にゃ nya	にゅ nyu	にょ nyo						
ひゃ hya	ひゅ hyu	ひょ hyo	びゃ bya	びゅ byu	びょ byo	ぴゃ pya	ぴゅ pyu	ぴょ pyo
みゃ mya	みゅ myu	みょ myo						
りゃ rya	りゅ ryu	りょ ryo						

2. 장음 쓰기연습

① 「あ」단 + あ

おばあさん (할머니)	おばあさん	
おかあさん (어머니)	おかあさん	

② 「い」단 + い

おじいさん (할아버지)	おじいさん	
おにいさん (형, 오빠)	おにいさん	

③ 「う」단 + う

ゆうき (용기)	ゆうき		
じゆう (자유)	じゆう		

④ 「え」단 + え、「え」단 + い

おねえさん (누나, 언니)	おねえさん	
えいが (영화)	えいが		
とけい (시계)	とけい		

⑤ 「お」단 + お、「お」단 + う

おおい (많다)	おおい		
ぼうし (모자)	ぼうし		
ひこうき (비행기)	ひこうき		

3. 촉음 쓰기연습

① [k](ㄱ)

さっき (아까)	さっき		
がっこう (학교)	がっこう		

② [s](ㅅ)

ざっし (잡지)	ざっし		
まっすぐ (곧장)	まっすぐ		

③ [t](ㄷ)

みっつ (셋)	みっつ		
きって (우표)	きって		

④ [p](ㅂ)

きっぷ (표)	きっぷ		
いっぱい (많이)	いっぱい		

4. 요음 쓰기연습

❖ きゃ · ぎゃ

きゃ kya	きゃ	きゃ			
きゅ kyu	きゅ	きゅ			
きょ kyo	きょ	きょ			
ぎゃ gya	ぎゃ	ぎゃ			
ぎゅ gyu	ぎゅ	ぎゅ			
ぎょ gyo	ぎょ	ぎょ			

きゃく (손님)	きゃく		
やきゅう (야구)	やきゅう		
きょうしつ (교실)	きょうしつ		

ぎゃく (거꾸로)	ぎゃく		
ぎゅうにく (쇠고기)	ぎゅうにく		
そつぎょう (졸업)	そつぎょう		

★TIP★ 요음(ゅ,ょ)+う → 장음

❖ しゃ・じゃ

しゃ sha	しゃ	しゃ			
しゅ shu	しゅ	しゅ			
しょ sho	しょ	しょ			
じゃ ja	じゃ	じゃ			
じゅ ju	じゅ	じゅ			
じょ jo	じょ	じょ			

しゃしん (사진)	しゃしん		
しゅみ (취미)	しゅみ		
じしょ (사전)	じしょ		

じゃま (방해)	じゃま		
じゅぎょう (수업)	じゅぎょう		
こうじょう (공장)	こうじょう		

❖ ちゃ · にゃ

ちゃ cha	ちゃ	ちゃ			
ちゅ chu	ちゅ	ちゅ			
ちょ cho	ちょ	ちょ			
にゃ nya	にゃ	にゃ			
にゅ nyu	にゅ	にゅ			
にょ nyo	にょ	にょ			

おちゃ (차)	おちゃ		
ちゅうい (주의)	ちゅうい		
ちょきん (저축)	ちょきん		

こんにゃく (곤약)	こんにゃく		
ぎゅうにゅう (우유)	ぎゅうにゅう		

❖ ひゃ · びゃ

ひゃ hya	ひゃ	ひゃ			
ひゅ hyu	ひゅ	ひゅ			
ひょ hyo	ひょ	ひょ			
びゃ bya	びゃ	びゃ			
びゅ byu	びゅ	びゅ			
びょ byo	びょ	びょ			

ひゃく (백)	ひゃく		
ひょう (표)	ひょう		

さんびゃく (삼백)	さんびゃく		
びょういん (병원)	びょういん		

❖ ぴゃ · みゃ

ぴゃ pya	ぴゃ	ぴゃ			
ぴゅ pyu	ぴゅ	ぴゅ			
ぴょ pyo	ぴょ	ぴょ			
みゃ mya	みゃ	みゃ			
みゅ myu	みゅ	みゅ			
みょ myo	みょ	みょ			

ろっぴゃく (육백)	ろっぴゃく		
はっぴゃく (팔백)	はっぴゃく		

みゃく (맥)	みゃく		
みょうじ (성씨)	みょうじ		

❖ りゃ

りゃ rya	りゃ	りゃ			
りゅ ryu	りゅ	りゅ			
りょ ryo	りょ	りょ			

しょうりゃく (생략)	しょうりゃく	

りゅうがく (유학)	りゅうがく		
りょうり (요리)	りょうり		

✽ 구별해서 써 보기

요음은 요음이 아닌 경우와 표기뿐만 아니라 단어의 뜻도 다르므로 정확하게 구별해서 써야 한다.

いしゃ (의사)	いしゃ		
いしや (석수장이)	いしや		

じゅう (십)	じゅう		
じゆう (자유)	じゆう		
ひょう (표)	ひょう		
ひよう (비용)	ひよう		

5. 장음, 촉음, 요음 연습문제

1. 빈칸에 장음에 해당하는 히라가나를 쓰세요.

① おか__さん(어머니)　② おに__さん(형, 오빠)　③ じゆ__ (자유)

④ え__が(영화)　⑤ ぼ__し(모자)

2. 촉음 발음이 다른 것에 ∨표 하세요.

①

	さっき( )	
もっと( )	Ⓚ	がっこう( )
	ゆっくり( )	

②

	ざっし( )	
まっすぐ( )	Ⓢ	けっせき( )
	きっぷ( )	

3. 빈칸에 알맞은 히라가나를 보기에서 골라 쓰세요.

① 야구 ____ ____ ____ (う　きゅ　や　きょ)

② 수업 ____ ____ ____ (ぎゃ　う　ぎょ　じゅ)

③ 주의 ____ ____ ____ (い　う　ちゃ　ちゅ)

4. 밑줄 친 부분의 발음이 다른 것을 하나 고르세요.

ひこうき　　びょういん　　ぼうし

りゅうがく　　きょうしつ

5. 발음의 길이가 몇 박인지 <보기>와 같이 숫자를 쓰세요.

보기 ともだち → (4)박

① きって → (　　)박

② えんぴつ → (　　)박

③ いっぱい → (　　)박

④ おねえさん → (　　)박

⑤ こんにゃく → (　　)박

4) J-POP

1960년대 중반 무렵부터 급속히 발전을 이루던 일본 가요는 1990년대에 최전성기를 맞이하게 되는데, 바로 이 시기에 J-POP이라는 새로운 이름을 얻게 된다. J-POP은 1988년 10월에 개국한 도쿄의 음악FM방송국 J-WAVE에서 처음 사용한 용어로 일본 대중가요 중에서도 비교적 젊은 세대들이 선호하는 음악을 총칭한 장르를 일컫는다.

1990년대 이전에는 밀리언 셀러가 흔치 않았던 일본 가요계는 1990년대 들어서서는 200만장의 판매량을 넘기는 더블 밀리언 셀러가 속출하게 된다. 이 시기에 활약한 코무로 테츠야, 사잔 올스타즈, 차게 앤 아스카, B'z, ZARD, 미스터 칠드런, 아무로 나미에, 하마사키 아유미, 우타다 히카루 등은 아직까지도 대부분 가요계에서 활동하고 있다. 1990년대를 주도한 밴드는 X-Japan으로 대표되는 비주얼계 밴드, 차게 앤 아스카, 미스터 칠드런 등의 포크 록 밴드, B'z, ZARD 등의 빙계열 밴드가 있다. 2000년대 들어서서 다소 부진한 시기를 보내던 J-POP은 2010년대 후반부터 요네즈 켄시, 아이묭, 오피셜히게단디즘 등 일본 국내뿐 아니라 해외에서도 인지도 있는 J-POP 가수들의 등장으로 다시 활력을 얻고 있다.

가타카나

カタカナ

학습내용

1. 가타카나(カタカナ)
2. 가타카나의 문자표(五十音図)
3. 가타카나 문자 쓰기연습
4. 가타카나 단어 쓰기연습

일본 대중문화 소개

애니메이션

1. 가타카나(カタカナ)

일본에서 한자가 보급됨에 따라 한자를 생략하여 쓰게 되고 이것이 가타카나가 되었다. 가타카나는 한자의 일부(부수 혹은 변 등)을 취하거나 초서체를 형식화하여 표기하는 문자이다. 주로 외래어, 외국지명, 외국인명, 의성어, 의태어, 강조 표현에 사용한다.

예 伊 →イ

<한자가 가타카나가 되기까지>

ア	阿	イ	伊	ウ	宇	エ	江	オ	於
カ	加	キ	機	ク	久	ケ	介	コ	己
サ	散	シ	之	ス	須	セ	世	ソ	曽
タ	多	チ	千	ツ	川	テ	天	ト	止
ナ	奈	ニ	仁	ヌ	奴	ネ	祢	ノ	乃
ハ	八	ヒ	比	フ	不	ヘ	部	ホ	保
マ	末	ミ	三	ム	牟	メ	女	モ	毛
ヤ	也			ユ	由			ヨ	與
ラ	良	リ	利	ル	流	レ	礼	ロ	呂
ワ	和	ヰ	井			ヱ	恵	ヲ	乎
ン	尓								

2. 가타카나의 문자표(五十音図)

행＼단	ア단	イ단	ウ단	エ단	オ단
ア행	ア a	イ i	ウ u	エ e	オ o
カ행	カ ka	キ ki	ク ku	ケ ke	コ ko
サ행	サ sa	シ shi	ス su	セ se	ソ so
タ행	タ ta	チ chi	ツ tsu	テ te	ト to
ナ행	ナ na	ニ ni	ヌ nu	ネ ne	ノ no
ハ행	ハ ha	ヒ hi	フ fu	ヘ he	ホ ho
マ행	マ ma	ミ mi	ム mu	メ me	モ mo
ヤ행	ヤ ya		ユ yu		ヨ yo
ラ행	ラ ra	リ ri	ル ru	レ re	ロ ro
ワ행	ワ wa				ヲ o
	ン n				

3. 가타카나 문자 쓰기연습

ア행

ア	a	ア	ア				
イ	i	イ	イ				
ウ	u	ウ	ウ				
エ	e	エ	エ				
オ	o	オ	オ				

カ행

カ	ka	カ	カ				
キ	ki	キ	キ				
ク	ku	ク	ク				
ケ	ke	ケ	ケ				
コ	ko	コ	コ				

サ행

サ sa	サ	サ
シ shi	シ	シ
ス su	ス	ス
セ se	セ	セ
ソ so	ソ	ソ

タ행

タ ta	タ	タ
チ chi	チ	チ
ツ tsu	ツ	ツ
テ te	テ	テ
ト to	ト	ト

ナ행

ナ na	ナ	ナ
ニ ni	ニ	ニ
ヌ nu	ヌ	ヌ
ネ ne	ネ	ネ
ノ no	ノ	ノ

ハ행

ハ ha	ハ	ハ
ヒ hi	ヒ	ヒ
フ fu	フ	フ
ヘ he	ヘ	ヘ
ホ ho	ホ	ホ

マ행

マ ma	マ	マ
ミ mi	ミ	ミ
ム mu	ム	ム
メ me	メ	メ
モ mo	モ	モ

ヤ행

ヤ ya	ヤ	ヤ
ユ yu	ユ	ユ
ヨ yo	ヨ	ヨ

ラ행

ラ ra	ラ	ラ
リ ri	リ	リ
ル ru	ル	ル
レ re	レ	レ
ロ ro	ロ	ロ

ワ행

ワ wa	ワ	ワ
ヲ o	ヲ	ヲ
ン n	ン	ン

4. 가타카나 단어 쓰기연습

① 가타카나의 청음, 탁음, 반탁음

アニメ (에니메이션)	アニメ
ネクタイ (넥타이)	ネクタイ
テレビ (티비)	テレビ
ピアノ (피아노)	ピアノ

② 가타카나의 발음

パン (빵)	パン
レストラン (레스토랑)	レストラン
オレンジ (오렌지)	オレンジ
パソコン (컴퓨터)	パソコン

③ 가타카나의 장음

コピー (복사)	コピー
ゲーム (게임)	ゲーム

スポーツ (스포츠)	スポーツ
タクシー (택시)	タクシー
スーパー (슈퍼)	スーパー

⑤ 가타카나의 촉음

コップ (컵)	コップ
ペット (애완동물)	ペット
スリッパ (슬리퍼)	スリッパ
チケット (티켓)	チケット

⑥ 가타카나의 요음

シャツ (셔츠)	シャツ
ニュース (뉴스)	ニュース
パーティー (파티)	パーティー
フォーク (포크)	フォーク

★TIP★ 가타카나의 요음은 외래어에 가까운 발음을 표현하기 위해 ャ, ュ, ョ 외에 ァ, ィ, ゥ, ェ, ォ도 사용한다.

✻ 구별해서 써 보기

ア				ウ			
マ				ワ			
コ				シ			
ユ				ツ			
ス				ソ			
ヌ				ン			
ソ				チ			
リ				テ			

5. 가타카나 연습문제

1. 가타카나와 같은 발음을 연결해 보세요.

1	2	3	4	5	6
エ	チ	ヨ	ケ	ム	サ
chi	mu	sa	e	yo	ke

2. 뜻에 맞게 장음 표시를 바르게 써 보세요.

① 슈퍼 → ス　パ　　　② 파티 → パ　ティ

③ 택시 → タ　ク　シ

3. 다음 표현을 가타카나로 바르게 표기한 것을 고르세요.

すみません

① ヌミアセン　② ヌミマセソ　③ スミマセソ

④ スミアセン　⑤ スミマセン

4. 히라가나를 가타카나로 잘못 옮겨 쓴 부분을 고쳐 보세요.

① こぴい → コピイ

② しゃつ → シヤツ

③ ぱそこん → パンコン

5. 히라가나를 가타카나로 바꾸어 쓰세요.

な	に	ぬ	ね	の

は	ひ	ふ	へ	ほ

ら	り	る	れ	ろ

일본 대중문화 소개

5) 애니메이션

2000년대를 전후해서 스튜디오 지브리는 세계적으로 엄청난 화제를 불러일으켰다. 미야자키 하야오 감독으로 대표되는 스튜디오 지브리는 전통적인 애니메이션 제작 방식을 고집하면서도 클래식한 정서를 불러일으킴으로써 전세계 애니메이션 팬들의 관심을 끌어왔다. <이웃집 토토로>로 매니아층을 형성해온 스튜디오 지브리는 1997년에 제작한 최초의 시대극인 <모노노케히메>를 통해 당시 일본영화 흥행 기록을 경신한 데 이어 2001년에 개봉된 <센과 치히로의 행방불명>에서는 무려 316억엔이라고 하는 흥행수입을 올리면서 역대 최고의 흥행수입을 기록하게 된다. 최근에 이러한 스튜디오 지브리의 아성에 도전장을 내밀고 있는 감독으로는 <너의 이름은> <날씨의 아이> <스즈메의 문단속> 등으로 놀라운 흥행수입을 거두고 있는 신카이 마코토 감독이나 <시간을 달리는 소녀> <늑대아이> 등으로 유명한 호소다 마모루 감독 등을 손꼽을 수 있다. 현재 애니메이션 일본 역대 최고의 흥행수입을 기록하고 있는 것은 2020년에 개봉되어 화제가 된 <극장판「귀멸의 칼날」무한열차편>이다.

<애니메이션 일본 역대 흥행수입 순위 TOP10>

순위	작품명	배급회사	공개년도	흥행수입
1	극장판「귀멸의 칼날」무한열차편	도호(東宝)/애니플렉스	2020년	404.3억엔
2	센과 치히로의 행방불명	도호(東宝)	2001년	316.8억엔
3	너의 이름은	도호(東宝)	2016년	251.7억엔
4	ONE PIECE FLIM RED	도에이(東映)	2022년	203.4억엔
5	모노노케히메	도호(東宝)	1997년	201.8억엔
6	하울의 움직이는 성	도호(東宝)	2004년	196억엔
7	THE FIRST SLAM DUNK	도에이(東映)	2022년	164.6억엔
8	극장판 명탐정 코난:100만달러의 펜타그램	도호(東宝)	2024년	158억엔
9	벼랑 위의 포뇨	도호(東宝)	2008년	155억엔
10	스즈메의 문단속	도호(東宝)	2022년	149.4억엔

(출처 : www.kogyotsushin.com를 토대로 작성)

6과

인사말

학습내용
인사말 익히기
일본 대중문화 소개
애니메이션

1. 인사말 익히기

✽ 인사말을 말하고 히라가나로 써 보세요. (쉼표, 마침표도 쓸 것)

1. 첫 만남

はじめまして。

どうぞ よろしく お願(ねが)いします。

こちらこそ どうぞ よろしく。

2. 만남

おはよう。

おはようございます。

こんにちは。

こんばんは。

3. 헤어짐

さようなら。

失礼(しつれい)します。

お気(き)を つけて。

じゃあ、また。

お休(やす)みなさい。

4. 재회

お久(ひさ)しぶりです。

久(ひさ)しぶり。

5. 안부

お元気(げんき)ですか。

おかげさまで。

6. 방문

失礼(しつれい)します。

おじゃまします。

どうぞ。

7. 축하와 감사

おめでとう。

ありがとうございます。

8. 사과

すみません。

いいえ。

9. 외출

行(い)ってきます。

行(い)ってらっしゃい。

ただいま。

おかえりなさい。

10. 식사

いただきます。

ごちそうさまでした。

11. 위로

お疲(つか)れ様(さま)でした。

12. 수업 종료

今日(きょう)はここまで。

ありがとうございました。

2. 인사말 연습문제

✽ 아래와 같은 상황에서 어떤 인사말을 하면 좋은지 써 보세요.

1. 상대방이 'どうぞ よろしく おねがいします'라고 했어요. 뭐라고 대답을 할까요?

____

2. 오후 2시쯤 이웃집 아주머니를 만났어요

____

3. 캠퍼스에서 오래간만에 교수님을 만났습니다.

____

4. 교수님을 만나러 연구실을 방문합니다. 들어가면서 하는 인사말은?

____

5. 일본인 집을 방문합니다. 현관을 들어갈 때 뭐라고 하면 좋을까요?

____

6. 일본어 스피치대회에서 우승한 친구를 축하해 주세요.

____

7. 전철 안에서 옆 사람의 발을 밟아 버렸습니다.

____

8. 집에서 외출할 때 엄마에게 뭐라고 인사하나요?

____

9. 외출했던 아빠가 돌아오셨어요. 인사해 주세요.

____

10. 식사를 다 마쳤습니다. 뭐라고 인사할까요?

____

6) 드라마

2000년대 들어서서 제작 방영된 일본 드라마 중에서 시청률 1위를 기록한 것은 2013년에 발표된 <한자와 나오키>이다. 1990년대 초 일본 경제의 버블 붕괴시기에 대형은행에 입사한 주인공 한자와 나오키가 직장 내에서 겪는 온갖 부조리에 불굴의 근성으로 맞서 응징한다고 하는 통쾌한 스토리가 화제가 되었다. 특히 마지막 회는 50.4%라고 하는 경이적인 순간 시청률을 기록하며 2000년대 들어서서 최고의 드라마로 손꼽히고 있다. 이 드라마는 2020년에 시즌2가 제작 방영되어 또다시 화제의 중심에 오르기도 했다. 2010년대에 높은 시청률을 올린 드라마로는 <도망치는 건 부끄럽지만 도움이 된다> <닥터X외과의 · 다이몬미치코> <심야식당> <mother> <변두리 로켓> <진 -仁-> <갈릴레오> 등이 손꼽힌다.

한편 <가정부 미타> <하얀 거탑> <파견의 품격> <리갈 하이>처럼 우리나라에서도 리메이크되어 방영된 작품들도 다수 있다.

<2020년 상반기 이후 일본 드라마 시청률 순위 TOP10>

순위	드라마명	방영년도	평균시청률	방송국명
1	한자와 나오키	2020 상반기	22.4%	TBS
2	나의 가정부 나기사씨	2020 상반기	13.0%	TBS
3	경시청 조사1과장	2020 상반기	12.8%	테레비아사히
4	파견의 품격!!	2020 상반기	12.7%	니혼테리비
5	MIU404	2020 상반기	11.5%	TBS
6	(신)바보아빠 청춘백서	2020 상반기	10.3%	니혼테레비
7	언성 신데렐라	2020 상반기	9.6%	후지테레비
8	슈츠2	2020 상반기	9.2%	후지테레비
9	미만경찰 미드나잇런너	2020 상반기	9.1%	니혼테레비
10	(신)용의 길 두 얼굴의 복수자	2020 상반기	9.1%	후지테레비

(출처: https://doraman.net/sp/category를 토대로 작성)

7과

私は 大学生です

わたし だいがくせい

학습내용

1. 명사+は, 명사+です, 명사+ですか
2. 명사+じゃ ありません
3. 명사+の
4. こ · そ · あ · ど(지시사)

일본 대중문화 소개

일본 영화

한줄 포인트

1. 私(わたし)は 大学生(だいがくせい)です。

2. キムさんは 医者(いしゃ)ですか。

3. 彼(かれ)は 日本人(にほんじん)じゃ ありません。

4. これは イさんの かばんです。

기본 회화

① A : パクさんの お仕事は 何ですか。

B : 会社員です。

② A : 田中さんも 会社員ですか。

B1 : はい、 そうです。

B2 : いいえ、 会社員じゃ ありません。 大学生です。

③ A : それは キムさんの くつですか。

B : いいえ、 私のじゃ ありません。 木村さんのです。

중요어휘

私 저(나) / ~は 은(는) / 大学生 대학생 / ~です ~입니다 / ~さん ~씨 / 医者 의사 / ~ですか ~입니까? / 彼 그 / 日本人 일본인 / ~じゃ ありません ~(가)이 아닙니다 / これ 이것 / イさんの 이씨의 / かばん 가방 / お仕事 일 / 何ですか 무엇입니까? / 会社員 회사원 / ~も ~도 / はい 네 / そうです 그렇습니다 / いいえ : 아니요 / 学生 학생 / それ 그것 / くつ 구두

1. 명사+は, 명사+です, 명사+ですか ~입니다/ ~입니까?

<명사1>は <명사2>です。

は는 조사로 사용될 경우 발음을 [wa]로 하며, ~です는 ~だ의 공손한 말투이다.

· 私(わたし)は 大学生(だいがくせい)です。

· 田中(たなか)さんは 会社員(かいしゃいん)です。

<명사1>は <명사2>ですか。

의문형 종조사 か가 붙어 의문형으로 문장을 만들 수 있다.

· キムさんは 医者(いしゃ)ですか。

· あなたは 看護士(かんごし)ですか。

2. 명사+じゃ ありません ~이/가 아닙니다.

명사 뒤에 'じゃ ありません'을 붙여 부정을 만든다. 'じゃ'는 회화에서, 'では'는 문장체에서 많이 사용한다.

· 彼(かれ)は 日本人(にほんじん)じゃ ありません。

· 彼女(かのじょ)は 中学生(ちゅうがくせい)では ありません。

3. 명사+の

① 소유의 주체를 나타낸다.

· 私(わたし)の 帽子(ぼうし)

② 소속을 나타낸다.

· 韓国大学(かんこくだいがく)の 学生(がくせい)

③ 출처를 나타낸다.

· アメリカの 時計(とけい)

④ 내용을 나타낸다.

· 英語(えいご)の 本(ほん)

⑤ 동격의 의미로 사용된다.

· 社長(しゃちょう)の パクさん

4. こ · そ · あ · ど(지시사)

こ - 근칭 : 말하는 사람에게 가까울 때.
そ - 중칭 : 상대방에게 가까울 때
あ - 원칭 : 양쪽으로부터 멀 때
ど - 부정칭 : 특별히 정해지지 않은 것을 이야기함.

	명사 수식	물건	장소	방향
근칭	この+명사	これ	ここ	こちら
중칭	その+명사	それ	そこ	そちら
원칭	あの+명사	あれ	あそこ	あちら
부정칭	どの+명사	どれ	どこ	どちら

· これは イさんの かばんです。

· こちらへ どうぞ。

중요어휘

あなた 당신 / 看護士(かんごし) 간호사 / 彼女(かのじょ) 그녀 / 中学生(ちゅうがくせい) 중학생 / 帽子(ぼうし) 모자 / 韓国(かんこく) 한국 / アメリカ 미국 / 時計(とけい) 시계 / 英語(えいご) 영어 / 社長(しゃちょう) 사장 / ~へ ~(으)로

연습문제

다음 1~4를 보기와 같이 바꿔 보세요.

1.

보기 山田(やまだ)さん / 銀行員(ぎんこういん) ➜ 山田(やまだ)さんは 銀行員(ぎんこういん)です。

① チェさん / 医者(いしゃ) ➜

② 田中(たなか)さん / 公務員(こうむいん) ➜

③ キムさん / デパートの 店員(てんいん) ➜

④ 木村(きむら)さん / タクシーの 運転手(うんてんしゅ) ➜

2.

보기 先生(せんせい) ➜ A : 先生(せんせい)ですか。
B : いいえ、先生(せんせい)じゃ ありません。

① 大学生(だいがくせい) ➜

② 高校生(こうこうせい) ➜

③ 日本人(にほんじん) ➜

④ 会社員(かいしゃいん) ➜

새로 나온 말

銀行員(ぎんこういん) 은행원 / 公務員(こうむいん) 공무원 / デパート 백화점 / 店員(てんいん) 점원 / タクシー 택시 / 運転手(うんてんしゅ) 운전기사 / 先生(せんせい) 선생님 / 高校生(こうこうせい) 고등학생

3.

보기 これ / 私(わたし) / 帽子(ぼうし) ➜ これは 私(わたし)の 帽子(ぼうし)です。

① それ / 先生(せんせい) / 時計(とけい) ➜

② あれ / イさん / 辞書(じしょ) ➜

③ それ / 私(わたし) / かばん ➜

④ あれ / 佐藤(さとう)さん / 車(くるま) ➜

4.

보기 くつ / 山田(やまだ)さん ➜ A : それは パクさんの くつですか。
B : いいえ、これは 山田(やまだ)さんのです。

① かさ / 先輩(せんぱい) ➜

② めがね / チェさん ➜

③ お弁当(べんとう) / 友(とも)だち ➜

④ ネクタイ / 社長(しゃちょう) ➜

새로 나온 말

辞書(じしょ) 사전 / 車(くるま) 차 / お弁当(べんとう) 도시락 / 先輩(せんぱい) 선배 / かさ 우산 / めがね 안경 / 友(とも)だち 친구 / ネクタイ 넥타이

일본 대중문화 소개

7) 영화관

일본 영화관 요금은 성인 1900엔(약 21000원), 대학생 1500엔(약 17000원), 고등학생 이하 1000엔(약 11000원)으로 우리나라에 비해 꽤 비싼 편이다. 하지만 매월 1일 퍼스트 데이에 1200엔(약 13000원), 매주 수요일 여성 한정 레이디스 데이 1200엔(약 13000원) 등 여러 가지 할인제도가 있으며 영화관별로 독자적인 할인 데이를 운영하기도 한다.

영화관 내에서는 상영작과 관련된 다양한 굿즈를 판매하는 것은 우리나라와는 다른 특징이라 할 수 있다. 또한 개봉 예정인 영화 팸플릿만 배치하며 상영작과 관련된 유료 팸플릿을 판매한다는 점도 우리나라와는 다른 특징이다.

일본 영화관에서 지켜야 할 매너를 손꼽자면 먼저 외부음식 반입금지를 들 수 있다. 또한 영화가 끝나고 쿠키 영상이나 엔딩 크레딧이 나올 때 상영관 내의 조명이 켜지지 않으며 끝까지 관람한 뒤에 자리를 떠야 한다는 점도 잊어서는 안 된다.

8과

今(いま)、何時(なんじ)ですか

학습내용

1. 숫자 읽기(0~10)
2. 전화번호 읽기
3. 시간 읽기 (시/분)
4. 명사+から, 명사+まで

일본 대중문화 소개

CM(Commercial Message)

한줄 포인트

1. 暗証番号(あんしょうばんごう)は 2(に)、4(よん)、9(きゅう)、7(なな)です。

2. 電話番号(でんわばんごう)は 03-3238-4959(ゼロさんのさん にさんはちのよんきゅう ごきゅう)です。

3. 8時(はちじ) 5分(ごふん)です。

4. 病院(びょういん)は 午前(ごぜん) 10時(じゅうじ)から 午後(ごご) 7時(しちじ)までです。

기본 회화

① A ： 電話番号(でんわばんごう)は 何番(なんばん)ですか。

B ： ０１０－４６５５－２２８１です。(ゼロいちゼロのよんろくごごのににはちいち)

② A ： 今(いま)、何時(なんじ)ですか。

B ： ６時１５分(ろくじじゅうごふん)です。

③ A ： 英語(えいご)の テストは 何時(なんじ)から 何時(なんじ)までですか。

B ： ３時半(さんじはん)から ５時(ごじ)までです。

중요어휘

今(いま) 지금 / 何時(なんじ) 몇 시 / 番号(ばんごう) 번호 / ~時(じ) ~시 / ~分(ふん) ~분 / 病院(びょういん) 병원 / 午前(ごぜん) 오전 / ~から ~부터 / 午後(ごご) 오후 / ~まで ~까지 / 電話(でんわ) 전화 / 何番(なんばん) 몇 번 / テスト 시험

1. 숫자 읽기(0~10)

읽는 방법이 여러 가지인 숫자는 4, 7, 9가 있지만 숫자를 하나씩 따로따로 읽을 경우에는 밑줄 친 것처럼 읽는다.

0	1	2	3	4	5	6	7	8	9	10
ゼロ	いち	に	さん	<u>よん</u> · し	ご	ろく	<u>なな</u> · しち	はち	<u>きゅう</u> · く	じゅう

· 暗証番号(あんしょうばんごう)は 2(に)、4(よん)、9(きゅう)、7(なな)です。

· パスポート番号(ばんごう)は 0058163(ゼロゼロごはちいちろくさん)です。

2. 전화번호 읽기

전화번호를 읽을 때도 4(よん), 7(なな), 9(きゅう)로 읽으며 '-'부분은 'の'로 읽는다. 또한 2와 5는 한 음절이므로 다른 숫자와 길이를 맞추기 위해 길게 발음한다.

· 010-1234-5678

➜ ゼロいちゼロ<u>の</u> いちにーさんよん<u>の</u> ごーろくななはち

· 家(いえ)の 電話番号(でんわばんごう)は 03-3238-4959(ゼロさんのさん に さんはちのよんきゅう ご きゅう)です。

· 鈴木(すずき)さんの ケータイは 090-2737-1145(ゼロきゅうゼロの に ななさんななのいちいちよん ご)です。

3. 시간(시/분)

1) 시(時)

다음과 같이 4시, 7시, 9시는 주의하여 읽어야 한다.

1時	2時	3時	4時	5時	6時	7時
いちじ	にじ	さんじ	よじ	ごじ	ろくじ	しちじ

8時	9時	10時	11時	12時	何時
はちじ	くじ	じゅうじ	じゅういちじ	じゅうにじ	なんじ

2) 분(分(ふん))

1분, 3분, 4분, 6분, 8분, 10분의 읽기는 주의를 필요로 한다.

1分	いっぷん	9分	きゅうふん
2分	にふん	10分	じゅっぷん
3分	さんぷん	20分	にじゅっぷん
4分	よんぷん	30分	さんじゅっぷん
5分	ごふん	40分	よんじゅっぷん
6分	ろっぷん	50分	ごじゅっぷん
7分	ななふん	60分	ろくじゅっぷん
8分	はっぷん (はちふん)	何分	なんぷん

4. 명사+から, 명사+まで

「から」는 어떤 동작이나 장소, 시간의 기점을 나타내고, 「まで」는 장소나 시간의 한계점, 도착점을 나타낼 때 사용한다.

· 病院(びょういん)は 午前(ごぜん) １０時(じゅうじ)から 午後(ごご) ７時(しちじ)までです。

· 駅(えき)から 学校(がっこう)まで ５分(ごふん)ぐらいです。

중요어휘

暗証番号(あんしょうばんごう) 비밀번호 / パスポート 여권 / 家(いえ) 집 / ケータイ 휴대폰 / 駅(えき) 역 / 学校(がっこう) 학교 / ~ぐらい ~정도

연습문제

✽ 다음 1~4를 보기와 같이 바꿔 보세요.

1.

보기 374 ➜ さんななよん

① 295 ➜

② 6141 ➜

③ 9288 ➜

④ 50367 ➜

2.

보기 みなと大学(だいがく) / 042-778-6123

➜ A : みなと大学(だいがく)は 何番(なんばん)ですか。

B : ゼロよんにの なななはちの ろくいちにさんです。

① プサン 駅(えき) / 1544-7788 ➜

② 店(みせ)の 電話(でんわ) / 06-6210-9188 ➜

③ ロッテデパート / 02-771-2500 ➜

④ 佐藤(さとう)さんの ケータイ / 090-9753-2468 ➜

중요어휘

プサン 부산 / 店(みせ) 가게 / ロッテデパート 롯데백화점

3.

보기 

➜ A : すみません。今(いま)、何時(なんじ)ですか。

B : いちじ にじゅっぷんです。

①  ➜

②  ➜

③  ➜

④  ➜

4.

보기 ATM / 7:00 ~ 10:30 ➜ ATMは しちじから じゅうじはんまでです。

① 昼休(ひるやす)み / 12:00～1:10 ➜

② 図書館(としょかん) / 8:50～11:00 ➜

③ アルバイト / 9:30～4:30 ➜

④ 日本語(にほんご)の 授業(じゅぎょう) / 2:40～5:20 ➜

중요어휘

すみません 실례합니다 / 昼休(ひるやす)み 점심시간 / 図書館(としょかん) 도서관 / アルバイト 아르바이트 / 日本語(にほんご) 일본어 / 授業(じゅぎょう) 수업

8) CM

CM은 '커머셜 메시지(commercial message)'의 약자로 상업용 선전에 대한 전반적인 부분을 의미한다. 일본의 민영방송국의 경우 프로그램의 중간 중간에 CM을 내보내곤 하는데, 이는 스폰서 기업으로부터 광고료와 방송제작비를 제공받아 이익을 창출하기 위함이다. CM의 분량은 15초, 30초, 60초 버전으로 나뉘는데, 일본에서는 15초 분량의 짧은 CM이 주류를 이루고 있다.

일본 CM의 가장 큰 특징 중 하나는 시리즈물 제작이 심심치 않게 이루어진다는 점이다. 마치 짤막한 드라마를 연상케 하는 내용의 스토리 전개는 보는 이로 하여금 제품에 대한 흥미를 유발시키고 다음에 나올 CM을 기대하게 만드는 요인으로 작용하기도 한다.

<2020년 6월 전반기 기업 · 상품별 CM호감도 TOP10>

순위	기업명	상품명	CM호감도
1	제스프리 인터내셔널 재팬	키위 후르츠	129.3%
2	KDDI	au	87.3%
3	소프트뱅크	SoftBank	70.0%
4	아사히음료	미츠야 사이다	66.7%
5	닛신식품	치킨 라멘	46.7%
6	롯데	유키미 다이후쿠	34.0%
7	대일본제충국	무시코나즈	32.7%
8	오픈하우스	지명도up	30.0%
9	모스후드서비스	모스 라이스버거 새우튀김 명란 맛&욕심 꾸러기 튀김 명란 맛	29.3%
10	일본 맥도널드	밥버거세트	27.3%

(출처: http://www.cmdb.jp/ranking/를 토대로 작성)

9과

日本語(にほんご)は 面白(おもしろ)いです

학습내용

1. い형용사 긍정형
2. い형용사 부정형
3. い형용사 연결형
4. い형용사 명사 수식형

일본 대중문화 소개

일본 게임

한줄 포인트

1. 日本語(にほんご)は 面白(おもしろ)いです。

2. この 時計(とけい)は 高(たか)く ないです。

3. その 花(はな)は 小(ちい)さくて 白(しろ)いです。

4. とても 美(うつく)しい 山(やま)です。

기본 회화

① A ： 中国語(ちゅうごくご)は 難(むずか)しいですか。

B1： はい、 難(むずか)しいです。

B2： いいえ、 難(むずか)しく ないです。 易(やさ)しいです。

② A ： その ケーキは どうですか。

B ： 甘(あま)くて、 おいしいです。

③ A ： 鈴木(すずき)さんは どんな 人(ひと)ですか。

B ： とても 優(やさ)しい 人(ひと)です。

새로 나온 말

面白(おもしろ)いです 재미있습니다 / 高(たか)く ないです 비싸지 않습니다 / 花(はな) 꽃 / 小(ちい)さくて 작고 / 白(しろ)いです 하얗습니다 / とても 아주 / 美(うつく)しい 아름다운 / 山(やま) 산 / 中国語(ちゅうごくご) 중국어 / 難(むずか)しいですか 어렵습니까? / 難(むずか)しく ないです 어렵지 않습니다 / 易(やさ)しいです 쉽습니다 / ケーキ 케이크 / どうですか 어떻습니까? / 甘(あま)くて 달고 / おいしいです 맛있습니다 / どんな 어떤 / 人(ひと) 사람 / 優(やさ)しい 상냥한

문법 익히기

<い형용사>

일본어의 형용사는 い형용사와 な형용사 두 가지로 나뉘며 사물의 성질이나 상태를 나타낸다. 그 중 い형용사는 어미가 -い로 끝난다.

① 긍정 표현 (기본형) : 어간+い

· 今日(きょう)は 暑(あつ)い。

· この めがねは 軽(かる)い。

② 긍정 정중 표현

기본형에 'です'를 붙인다.

· 日本語(にほんご)は 面白(おもしろ)いです。

· 彼(かれ)の 車(くるま)は 大(おお)きいです。

③ 부정 표현

기본형 어미를 'く'로 바꾸고 'ない'를 붙인다.

어간+い → 어간+く+ない

예외 いい+ない→よくない

· この お茶(ちゃ)は おいしくない。

· 今日(きょう)の 天気(てんき)は よくない。

④ 부정 정중 표현

부정 표현에 'です'를 붙인다.

문장으로 표현할 경우에는 ―くないです보다는 ―くありません을 더 많이 사용한다.

어간+い → 어간+く+ないです +ありません

예외 いい＋ないです→よくないです

・この 時計は 高く ないです。

・イムさんの かばんは 大きく ありません。

⑤ い형용사 연결

어미를 く로 바꾸고 て를 붙인다. '~하고'의 뜻이 된다.

어간+い → 어간+く+て

예외 いい＋て→よくて

・その 花は 小さくて 白いです。

・あの 犬は 頭が よくて かわいいです。

⑥ 명사 수식

い형용사가 명사를 수식할 때는 기본형이 온다.

・とても 美しい 山です。

・とても 背が 高い 人です。

중요어휘

今日 오늘 / 暑い 덥다 / 軽い 가볍다 / いい 좋다 / お茶 차 / 天気 날씨 / 大きい 크다 / 犬 개 / 頭 머리
かわいい 귀엽다 / 背が 高い 키가 크다

✽ 중요한 い형용사

赤(あか)い	빨갛다	青(あお)い	파랗다
明(あか)るい	밝다	暗(くら)い	어둡다
暖(あたた)かい	따뜻하다	涼(すず)しい	시원하다
新(あたら)しい	새롭다	古(ふる)い	낡다
暑(あつ)い	덥다	寒(さむ)い	춥다
厚(あつ)い	두껍다	薄(うす)い	얇다
熱(あつ)い	뜨겁다	冷(つめ)たい	차갑다
甘(あま)い	달다	辛(から)い	맵다
嬉(うれ)しい	기쁘다	悲(かな)しい	슬프다
おいしい	맛있다	まずい	맛없다
多(おお)い	많다	少(すく)ない	적다
大(おお)きい	크다	小(ちい)さい	작다
遅(おそ)い	늦다	早(はや)い · 速(はや)い	이르다 · 빠르다
面白(おもしろ)い	재미있다	つまらない	지루하다
軽(かる)い	가볍다	重(おも)い	무겁다
白(しろ)い	희다	黒(くろ)い	검다
高(たか)い	높다	低(ひく)い	낮다
高(たか)い	비싸다	安(やす)い	싸다
近(ちか)い	가깝다	遠(とお)い	멀다
強(つよ)い	강하다	弱(よわ)い	약하다
長(なが)い	길다	短(みじか)い	짧다
難(むずか)しい	어렵다	易(やさ)しい	쉽다
広(ひろ)い	넓다	狭(せま)い	좁다
深(ふか)い	깊다	浅(あさ)い	얕다

太(ふと)い	굵다	細(ほそ)い	가늘다
柔(やわ)らかい	부드럽다	固(かた)い	딱딱하다
良(よ)い・いい	좋다	悪(わる)い	나쁘다

楽(たの)しい	즐겁다	寂(さび)しい	쓸쓸하다
危(あぶ)ない	위험하다	忙(いそが)しい	바쁘다
痛(いた)い	아프다	汚(きたな)い	더럽다
かわいい	귀엽다	すごい	굉장하다
すばらしい	훌륭하다	優(やさ)しい	상냥하다
若(わか)い	젊다	うまい	잘하다, 맛있다
美(うつく)しい	아름답다	かっこいい	멋있다
うるさい	시끄럽다	怖(こわ)い	무섭다

연습문제

✽ 다음 1~4를 보기와 같이 바꿔 보세요.

1.

보기 今日(きょう) / 寒(さむ)い ➜ 今日(きょう)は あまり 寒(さむ)くない。

① 数学(すうがく) / 難(むずか)しい ➜

② 週末(しゅうまつ) / 忙(いそが)しい ➜

③ この かさ / 長(なが)い ➜

④ あの 電車(でんしゃ) / 速(はや)い ➜

2.

보기 A : その 家(いえ)は 新(あたら)しいですか。(古(ふる)い)

➜ B1 : はい、新(あたら)しいです。

➜ B2 : いいえ、新(あたら)しく ないです。古(ふる)いです。

① 部屋(へや)は 明(あか)るいですか。(暗(くら)い) ➜

② 郵便局(ゆうびんきょく)は 遠(とお)いですか。(近(ちか)い) ➜

③ その スマホは 高(たか)いですか。(安(やす)い) ➜

④ イさんの 猫(ねこ)は 大(おお)きいですか。(小(ちい)さい) ➜

중요어휘

あまり 그다지 / 数学(すうがく) 수학 / 週末(しゅうまつ) 주말 / 電車(でんしゃ) 전철 / 部屋(へや) 방 / 郵便局(ゆうびんきょく) 우체국 / スマホ 스마트폰 / 猫(ねこ) 고양이

3.

보기 この 辞書(じしょ) / 小(ちい)さい / 軽(かる)い ➜ この 辞書(じしょ)は 小(ちい)さくて、軽(かる)いです。

① あの ビル / 古(ふる)い / 汚(きた)ない ➜

② その 図書館(としょかん) / 広(ひろ)い / 新(あたら)しい ➜

③ 今日(きょう) / 天気(てんき)が いい / 暖(あたた)かい ➜

④ 駅前(えきまえ)の 公園(こうえん) / 狭(せま)い / うるさい ➜

4.

보기 映画(えいが)/ 面白(おもしろ)い ➜ A : どんな 映画(えいが)ですか。
B : とても 面白(おもしろ)い 映画(えいが)です。

① 教室(きょうしつ) / 広(ひろ)い ➜

② 料理(りょうり) / 辛(から)い ➜

③ 帽子(ぼうし) / 小(ちい)さい ➜

④ 辞書(じしょ) / 厚(あつ)い ➜

중요어휘

ビル 빌딩 / 駅前(えきまえ) 역 앞 / 公園(こうえん) 공원 / 映画(えいが) 영화 / 教室(きょうしつ) 교실 / 料理(りょうり) 요리

9) 게임

한국과 달리 일본에서는 온라인 게임 유저 수는 적은 반면 콘솔게임을 이용하는 이용자 수는 매우 많다. 1983년에 닌텐도에서 발매한 가정용 게임기 HVC-001의 고유이름으로 '패미콤'이 등장한 이래 소니, 닌텐도, 세가 등이 가정용 비디오 콘솔게임 산업을 선도해 왔다.

가정용 비디오게임과 동시에 발전해온 플랫폼에는 휴대용게임기가 있다. 휴대용 게임기로는 '닌텐도DS'와 소니의 'PSP 시리즈' 등이 대표적인데, '닌텐도 게임워치'처럼 초기의 내장형 게임기 형태에서 1989년 '게임보이시리즈'부터는 카트리지 교환 형태로 다양한 게임이 가능해지게 되었다. 2011년부터는 3D게임이 가능한 휴대용 게임기 '3DS'가 출시되어 주목을 받았으며, 2012년에는 하나의 플랫폼으로 비디오게임과 휴대용게임이 가능한 'Wii-u'가 발매되어 화제가 되기도 했다. 2017년 3월에는 거치용과 휴대용을 겸한 하이브리드게임기 '닌텐도 스위치'가 발매되어 인기를 끌고 있다.

한편 스마트폰이나 태블릿pc를 이용해 즐기는 모바일 게임은 2010년대 중반 이후 유저수가 급증하고 있는 추세다. 모바일 게임시장이 점차 확대되어 조만간 휴대용게임 유저수를 추월할 것으로 예상된다.

10과

地下鉄(ちかてつ)は 便利(べんり)です

학습내용

1. な형용사 긍정형
2. な형용사 부정형
3. な형용사 연결형
4. な형용사 명사 수식형

일본 대중문화 소개

만화

한줄 포인트

1. 地下鉄(ちかてつ)は 便利(べんり)です。

2. 虫(むし)は 好(す)きじゃ ないです。

3. この 部屋(へや)は きれいで 明(あか)るいです。

4. CUは 有名(ゆうめい)な コンビニです。

기본 회화

① A : 魚(さかな)は 好(す)きですか。

B1 : はい、 好(す)きです。

B2 : いいえ、 好(す)きじゃ ないです。 嫌(きら)いです。

② A : イム先生(せんせい)は どうですか。

B : まじめで、 親切(しんせつ)です。

③ A : そこは どんな 町(まち)ですか。

B : にぎやかな 町(まち)です。

중요어휘

地下鉄(ちかてつ) 지하철 / 便利(べんり)です 편리합니다 / 虫(むし) 벌레 / 好(す)きじゃ ないです 좋아하지 않습니다 / きれいで 깨끗하고 / 有名(ゆうめい)な 유명한 / コンビニ 편의점 / 魚(さかな) 생선 / 好(す)きですか 좋아합니까? / 嫌(きら)いです 싫어합니다 / まじめで 성실하고 / 親切(しんせつ)です 친절합니다 / 町(まち) 마을 / にぎやかな 번화한

문법 익히기

<な형용사>

사물의 성질이나 상태를 나타내는 형용사 중 어미가 -だ로 끝나는 것을 な형용사라고 한다. 형용동사라고도 한다.

① 긍정 표현 (기본형) : 어간+だ

· ハンさんは まじめだ。

· 日本語(にほんご)の テストは 簡単(かんたん)だ。

② 긍정 정중 표현

어간에 'です'를 붙인다.

· 地下鉄(ちかてつ)は 便利(べんり)です。

· この デパートは にぎやかです。

③ 부정 표현

어간에 'じゃ ない'를 붙인다. 문장으로 표현할 때는 'じゃ ない'보다 'では ない'을 더 많이 사용한다.

어간+だ → 어간+じゃ ない

· 彼(かれ)は 英語(えいご)が 上手(じょうず)じゃ ない。

· 私(わたし)の 声(こえ)は きれいでは ない。

④ 부정 정중 표현

부정 표현에 'です'를 붙인다. 문장으로 표현할 경우에는 'じゃ ないです'보다 'じゃ ありません'을 더 많이 사용한다.

어간+だ → 어간+じゃ+ないです +ありません

· 虫(むし)は 好(す)きじゃ ないです。

· その 道具(どうぐ)は 必要(ひつよう)では ありません。

⑤ な형용사 연결

어간에 'で'를 붙인다. '~하고, ~해서'의 뜻이 된다.

어간+だ → 어간+で

· この 部屋(へや)は きれいで 明(あか)るいです。

· この 町(まち)は 静(しず)かで 好(す)きです。

⑥ 명사 수식

명사를 수식할 때는 어간에 'な'가 붙는다.

· CUは 有名(ゆうめい)な コンビニです。

· とても 大事(だいじ)な 友(とも)だちです。

중요어휘

まじめだ 성실하다 / 簡単(かんたん)だ 간단하다 / にぎやかです 북적거립니다 / 上手(じょうず)じゃ ない 잘하지 못하다 / 声(こえ) 목소리
きれいでは ない 예쁘지 않다 / 道具(どうぐ) 도구 / 必要(ひつよう)では ありません 필요하지 않습니다 / 静(しず)かで 조용해서
好(す)きです 좋아합니다 / 大事(だいじ)な 소중한

✲ 중요한 な형용사

好(す)きだ	좋아하다	嫌(きら)いだ	싫어하다
簡単(かんたん)だ	간단하다	複雑(ふくざつ)だ	복잡하다
便利(べんり)だ	편리하다	不便(ふべん)だ	불편하다
上手(じょうず)だ	능숙하다	下手(へた)だ	서투르다
安全(あんぜん)だ	안전하다	危険(きけん)だ	위험하다

大好(だいす)きだ	매우 좋아한다	いやだ	싫다
急(きゅう)だ	급하다	結構(けっこう)だ	괜찮다
元気(げんき)だ	건강하다	きれいだ	예쁘다, 깨끗하다
静(しず)かだ	조용하다	親切(しんせつ)だ	친절하다
心配(しんぱい)だ	걱정이다	すてきだ	멋지다
大変(たいへん)だ	큰일이다, 힘들다	にぎやかだ	번화하다
丈夫(じょうぶ)だ	튼튼하다	大丈夫(だいじょうぶ)だ	괜찮다
大切(たいせつ)だ	소중하다	大事(だいじ)だ	중요하다
ハンサムだ	핸섬하다	暇(ひま)だ	한가하다
立派(りっぱ)だ	훌륭하다	まじめだ	성실하다
有名(ゆうめい)だ	유명하다	必要(ひつよう)だ	필요하다

연습문제

✽ 다음 1~4를 보기와 같이 바꿔 보세요.

1.

보기 教室(きょうしつ)は 静(しず)かだ。➜ 教室(きょうしつ)は あまり 静(しず)かじゃない。

① 田中(たなか)さんは 親切(しんせつ)だ。 ➜

② あの 店(みせ)は 有名(ゆうめい)だ。 ➜

③ この 電車(でんしゃ)は 便利(べんり)だ。➜

④ この 色(いろ)は きれいだ。➜

2.

보기 A : 今日(きょう)は 暇(ひま)ですか。(忙(いそが)しい)

➜ B1 : はい、暇(ひま)です。

➜ B2 : いいえ、暇(ひま)じゃ ないです。忙(いそが)しいです。

① 果物(くだもの)は 好(す)きですか。(嫌(きら)いだ) ➜

② その 公園(こうえん)は きれいですか。(汚(きたな)い) ➜

③ その 地図(ちず)は 複雑(ふくざつ)ですか。(簡単(かんたん)だ) ➜

④ その 場所(ばしょ)は 安全(あんぜん)ですか。(危険(きけん)だ) ➜

중요어휘

電車(でんしゃ) 전철 / 色(いろ) 색깔 / 果物(くだもの) 과일 / 地図(ちず) 지도 / 場所(ばしょ) 장소

3.

보기 お父(とう)さん / 静(しず)かだ / まじめだ ➜ お父(とう)さんは 静(しず)かで、まじめです。

① お母(かあ)さん / 親切(しんせつ)だ / きれいだ ➜

② お兄(にい)さん / ハンサムだ / すてきだ ➜

③ お姉(ねえ)さん / 動物(どうぶつ)が 大好(だいす)きだ / 優(やさ)しい ➜

④ おじいさん / 元気(げんき)だ / 明(あか)るい ➜

4.

보기 カメラ / 丈夫(じょうぶ)だ ➜ A : どんな カメラですか。
B : とても 丈夫(じょうぶ)な カメラです。

① 病院(びょういん) / 立派(りっぱ)だ ➜

② 仕事(しごと) / 大変(たいへん)だ ➜

③ 先生(せんせい) / 有名(ゆうめい)だ ➜

④ 指輪(ゆびわ) / 大切(たいせつ)だ ➜

중요어휘

お父(とう)さん 아버지 / お母(かあ)さん 어머니 / お兄(にい)さん 오빠, 형 / お姉(ねえ)さん 언니, 누나 / 動物(どうぶつ) 동물 / おじいさん 할아버지 / カメラ 카메라 / 指輪(ゆびわ) 반지

10) 만화

일본의 만화시장은 1970년대부터 1990년대 중반까지는 만화잡지와 단행본 모두 지속적으로 발행부수가 증가해왔다. 특히 3대 만화주간지인 <주간소년점프> <주간소년매거진> <주간소년선데이> 등이 중심이 되어 발행부수 증가를 견인하면서 만화 단행본의 발행 부수도 함께 증가하게 된다. 만화 단행본의 경우「원피스(ONE PIECE)」「고르고13」등은 현재까지 각각 누적발행부수 3억 부, 2억 부를 넘어선 히트작들이다. 1995년에 만화판매부수 18억 8천여만 부와 만화판매금액 5864억 엔(약 6조 4천억 원)을 기록한 이후 종이책에 의한 만화시장 규모는 감소 추세에 있지만, 전자만화의 경우는 30% 가까운 신장률을 보이고 있어 만화시장은 전체적으로 놓고 본다면 점차 확대되고 있다고 볼 수 있다.

일본의 만화잡지와 만화시장은 성별과 연령별로 장르가 구분되고 조직화되어 있다. 소년 · 소녀만화를 비롯하여 청년 · 성인만화, 레이디스 코믹, 4칸 만화, 파칭코 만화, 취미 · 스포츠 만화뿐만 아니라 미소년의 동성애를 다룬 BL물에 이르기까지 다양한 장르의 만화가 존재한다.

<역대 만화단행본 누적발행부수 순위 TOP10>

순위	제목	발행부수
1	ONE PIECE	3억 2086만부
2	고르고13	3억부
3	드래곤볼	1억 5700만부
4	여기는 잘 나가는 파출소	1억 5650만부
5	명탐정 코난	1억 4000만부
6	나루토	1억 3500만부
7	오이신보	1억 3000만부
8	슬램덩크	1억 2000만부
9	도라에몽	1억부
9	우주소년 아톰	1억부

(출처: http://www.mangazenkan.com을 토대로 작성)

Note

11과

これは　いくらですか

학습내용

1. 가격 물어보기
2. 숫자 읽기(10~90000)
3. 수를 세는 고유 표현
4. ~(を) ください

일본 대중문화 소개

코스프레

한줄 포인트

1. これは **いくら**ですか。

2. この 牛乳(ぎゅうにゅう)は **２００円(にひゃくえん)**です。

3. 学生(がくせい)は **５人(ごにん)**です。

4. うどん **ください**。

기본 회화

① A ： ケーキ　二(ふた)つ　ください。

B ： はい、　二(ふた)つですね。　ありがとうございます。

② A ： ボールペンは　いくらですか。

B ： １３０円(ひゃくさんじゅうえん)です。

③ A ： 生徒(せいと)は　何人(なんにん)ですか。

B ： ３人(さんにん)です。

중요어휘

いくらですか 얼마입니까? / 牛乳(ぎゅうにゅう) 우유 / 円(えん) 엔 / 五人(ごにん) 5명 / うどん 우동 / ください 주세요 / 二(ふた)つ 두 개 / ~ね ~군요 / ボールペン 볼펜 / 生徒(せいと) (초, 중, 고등학교)학생 / 何人(なんにん)ですか 몇 명입니까? / 三人(さんにん) 3명

1. 가격 묻기: いくらですか / 얼마입니까?

가격을 물어볼 때는 'いくらですか'라고 물어본다.

· これは いくらですか。

· あの パソコンは いくらですか。

2. 숫자 읽기(10~90000)

10	じゅう	100	ひゃく	1000	せん	10000	いちまん
20	にじゅう	200	にひゃく	2000	にせん	20000	にまん
30	さんじゅう	300	さんびゃく	3000	さんぜん	30000	さんまん
40	よんじゅう	400	よんひゃく	4000	よんせん	40000	よんまん
50	ごじゅう	500	ごひゃく	5000	ごせん	50000	ごまん
60	ろくじゅう	600	ろっぴゃく	6000	ろくせん	60000	ろくまん
70	ななじゅう	700	ななひゃく	7000	ななせん	70000	ななまん
80	はちじゅう	800	はっぴゃく	8000	はっせん	80000	はちまん
90	きゅうじゅう	900	きゅうひゃく	9000	きゅうせん	90000	きゅうまん

· この 牛乳(ぎゅうにゅう)は ２００円(にひゃく えん)です。

· あの テレビは ３５,９００円(さんまんごせんきゅうひゃく えん)です。

3. 수를 세는 고유 표현

① 물건을 세는 고유 표현

一つ	ひとつ	六つ	むっつ
二つ	ふたつ	七つ	ななつ
三つ	みっつ	八つ	やっつ
四つ	よっつ	九つ	ここのつ
五つ	いつつ	十	とお

· A: コップは いくつ 必要(ひつよう)ですか。

· B: 五(いつ)つです。

② 사람의 수를 세는 고유 표현

1人	ひとり	6人	ろくにん
2人	ふたり	7人	しちにん
3人	さんにん	8人	はちにん
4人	よにん	9人	きゅうにん
5人	ごにん	10人	じゅうにん

· 学生(がくせい)は 6人(ろくにん)です。

· 男性(だんせい)は 何人(なんにん)ですか。

4. ~(を) ください / ~(을/를) 주세요

'~를 주세요'라는 의뢰 표현으로 의뢰 시에 주로 사용한다.

· うどん ください。

· この 花(か)びんを 三(みっ)つ ください。

중요어휘

パソコン 컴퓨터 / 牛乳(ぎゅうにゅう) 우유 / テレビ 텔레비전 / コップ 컵 / いくつ 몇 개 / 男性(だんせい) 남성 / 何人(なんにん) 몇 명 / うどん 우동 / 花(か)びん 꽃병

연습문제

다음 1~4를 보기와 같이 바꿔 보세요.

1.

보기 560 ➜ <u>ごひゃくろくじゅう</u>

① 90 ➜

② 620 ➜

③ 3470 ➜

④ 18340 ➜

2.

보기 人形(にんぎょう) / 2 ➜ A : この <u>人形(にんぎょう)</u> <u>ふたつ</u> ください。
B : はい、<u>ふたつ</u>ですね。

① お菓子(かし) / 5 ➜

② おもちゃ / 3 ➜

③ 消(け)しゴム / 1 ➜

④ せっけん / 4 ➜

중요어휘

人形(にんぎょう) 인형 / お菓子(かし) 과자 / おもちゃ 장난감 / 消(け)しゴム 지우개 / せっけん 비누

3.

보기 A : 薬(くすり)は いくらですか。/ 520円(えん) ➜ B : <u>ごひゃくにじゅう</u>円(えん)です。

① お弁当(べんとう)は いくらですか。/ 470円(えん) ➜

② 花(か)びんは いくらですか。/ 8,350円(えん) ➜

③ かばんは いくらですか。/ 13,600円(えん) ➜

④ パソコンは いくらですか。/ 29,800円(えん) ➜

4.

보기 外国人(がいこくじん) / 5 ➜ A : <u>外国人(がいこくじん)</u>は 何人(なんにん)ですか。
B : <u>ごにん</u>です。

① 兄弟(きょうだい) / 2 ➜

② 留学生(りゅうがくせい) / 4 ➜

③ 男(おとこ)の子(こ) / 1 ➜

④ 女(おんな)の子(こ) / 3 ➜

중요어휘

薬(くすり) 약 / 外国人(がいこくじん) 외국인 / 兄弟(きょうだい) 형제 / 留学生(りゅうがくせい) 유학생 / 男(おとこ)の子(こ) 남자 아이 / 女(おんな)の子(こ) 여자 아이

일본 대중문화 소개

11) 코스프레

코스프레란 '코스튬 플레이(costume play)'의 일본어식 영어 표현으로 만화나 애니메이션, 게임 등에 등장하는 인물이나 캐릭터, 또는 연예인 등의 의상을 꾸며 입고 촬영소나 공공장소 등에서 다른 사람들에게 나타내는 행위이다. 코스프레는 일본에서 탄생한 대중문화로 젊은이들을 비롯한 많은 사람들 사이에서 즐겨 연출되는 엔터테인먼트의 일종이다. 현재 세계 각국에서 다양한 코스프레 이벤트가 개최되고 있는데, 그 최고봉에 위치하는 것이 세계 코스프레 서미트(World Cosplay Summit, WCS)이다. WCS는 2003년부터 나고야에서 개최되고 있는 세계 최대규모의 코스프레 이벤트로 새로운 국제교류를 창조하는 기회로 주목받고 있다. 참가 팀은 해마다 증가 추세에 있는데, 2024년에는 세계 42개국에서 참가자가 행사에 참가하였다.

12과

夏(なつ)と 冬(ふゆ)と どちらが 好(す)きですか

학습내용

1. 2가지 비교(1) : ~と ~と どちらが
2. 2가지 비교(2) : ~より ~の ほうが
3. 3가지 이상 비교 : ~の 中(なか)で ~が 一番(いちばん)
4. 가족호칭

일본 대중문화 소개

오와라이

한줄 포인트

1. 夏と 冬と どちらが 好きですか。

2. みかんより バナナの ほうが おいしいです。

3. 飲み物の 中で 紅茶が 一番 好きです。

4. 私は 5人家族です。

기본 회화

① A : 電車(でんしゃ)と バスと どちらが 便利(べんり)ですか。

B : 電車(でんしゃ)より バスの ほうが 便利(べんり)です。

② A : 科目(かもく)の 中(なか)で 何(なに)が 一番(いちばん) 難(むずか)しいですか。

B : 数学(すうがく)が 一番(いちばん) 難(むずか)しいです。

③ A : イさんは 何人家族(なんにんかぞく)ですか。

B : 四人(よにん)です。 父(ちち)と 母(はは)と 姉(あね)と 私(わたし)です。

중요어휘

夏(なつ) 여름 / 冬(ふゆ) 겨울 / どちらが 어느 쪽이 / みかん 귤 / ~より ~보다 / バナナ 바나나 / ~の ほうが ~쪽이 / 飲(の)み物(もの) 마실 것 / ~の 中(なか)で ~중에서 / 紅茶(こうちゃ) 홍차 / ~が 一番(いちばん) ~이(가) 가장 / 家族(かぞく) 가족 / バス 버스 / 科目(かもく) 과목 / 父(ちち) (나의)아버지 / 母(はは) (나의)어머니 / 姉(あね) (나의)언니, 누나

1. 2가지 비교(1) : ~と ~と どちらが / ~와 ~중에 어느 쪽이

두 개 중에 한쪽을 고르는 표현이다. 비교 대상이 장소, 사물, 사람 관계없이 'どちら'로 묻는다.

· 夏(なつ)と 冬(ふゆ)と どちらが 好(す)きですか。

· 野球(やきゅう)と サッカーと どちらが 楽(たの)しいですか。

2. 2가지 비교(2) : ~より ~の ほうが / ~보다 ~쪽이

2가지 비교문의 답변에 사용되며, '~より'는 생략 가능하나 '~のほう'는 반드시 붙여야 한다.

· みかんより バナナの ほうが おいしいです。

· 中国語(ちゅうごくご)より 日本語(にほんご)の ほうが 簡単(かんたん)です。

3. 3가지 이상 비교 : ~の 中(なか)で~が 一番(いちばん) / ~중에 가장

3가지 이상의 대상 가운데 가장 또는 최고의 것을 물을 때 사용한다. 2가지 비교할 때와는 달리 비교 대상이 장소일 때는 'どこ', 사물일 때는 'どれ'나 'なに', 사람일 때는 'だれ'를 쓴다.

· 飲(の)み物(もの)の 中(なか)で 紅茶(こうちゃ)が 一番(いちばん) 好(す)きです。

· 動物(どうぶつ)の 中(なか)で 何(なに)が 一番(いちばん) 怖(こわ)いですか。

★TIP★ '好(す)きだ/嫌(きら)いだ/上手(じょうず)だ/下手(へた)だ'와 같은 な형용사는 그 대상을 'が'로 쓴다.

명사+が 好(す)きだ / 嫌(きら)いだ / 上手(じょうず)だ / 下手(へた)だ

4. 가족호칭

일본어는 자기의 가족 구성원을 말할 때와 다른 사람의 가족 구성원을 말할 때 호칭이 다르다.

	자기 가족	남의 가족*
할아버지	そふ(祖父)	おじいさん(お祖父さん)
할머니	そぼ(祖母)	おばあさん(お祖母さん)
아버지	ちち(父)	おとうさん(お父さん)
어머니	はは(母)	おかあさん(お母さん)
오빠/형	あに(兄)	おにいさん(お兄さん)
누나/언니	あね(姉)	おねえさん(お姉さん)
남동생	おとうと(弟)	おとうとさん(弟さん)
여동생	いもうと(妹)	いもうとさん(妹さん)

★TIP★ 가정 내에서 자기 가족을 부를 때는 *의 호칭을 사용한다.

· 私(わたし)は 5人(ごにん)家族(かぞく)です。

· 兄弟(きょうだい)は 3人(さんにん)です。

중요어휘

野球(やきゅう) 야구 / サッカー 축구

연습문제

다음 1~4를 보기와 같이 바꿔 보세요.

1.

보기 私(わたし) / 旅行(りょこう) / 好(す)きだ ➜ <u>私(わたし)</u>は <u>旅行(りょこう)</u>が <u>好(す)き</u>です。

① キムさん / 歌(うた) / 上手(じょうず)だ ➜

② 弟(おとうと) / 絵(え) / 下手(へた)だ ➜

③ 私(わたし) / ハンバーガー / 大好(だいす)きだ ➜

④ 木村(きむら)さん / 英語(えいご) / 嫌(きら)いだ ➜

2.

보기 バス / 地下鉄(ちかてつ) / 便利(べんり)だ ➜

A : <u>バス</u>と <u>地下鉄(ちかてつ)</u>と どちらが <u>便利(べんり)</u>ですか。

B : <u>バス</u>より <u>地下鉄(ちかてつ)</u>の ほうが <u>便利(べんり)</u>です。

① 日本(にほん) / 韓国(かんこく) / 寒(さむ)い ➜

② 歌(うた) / 絵(え) / 上手(じょうず)だ ➜

③ コーヒー / お茶(ちゃ) / いい ➜

④ 漢字(かんじ) / カタカナ / 簡単(かんたん)だ ➜

중요어휘

旅行(りょこう) 여행 / 絵(え) 그림 / ハンバーガー 햄버거 / コーヒー 커피 / 漢字(かんじ) 한자

3.

보기 スポーツ / 何 / 上手だ / テニス ➜

A : スポーツの 中で 何が 一番 上手ですか。
B : テニスが 一番 上手です。

① 家族 / 誰 / 背が 高い / 兄 ➜

② 1年 / いつ / 涼しい / 秋 ➜

③ 韓国 / どこ / にぎやかだ / ソウル ➜

④ 日本のドラマ / 何 / 面白い / ハケンの品格 ➜

4.

보기 A : お兄さんですか。(父) ➜ B : いいえ、兄じゃ ありません。父です。

① お父さんですか。(祖父) ➜

② お母さんですか。(祖母) ➜

③ 弟 さんですか。(兄) ➜

④ 妹 さんですか。(姉) ➜

중요어휘

スポーツ 스포츠 / テニス 테니스 / 誰 누구 / 1年 일 년 / いつ 언제 / 秋 가을 / どこ 어디 / ソウル 서울
ドラマ 드라마 / ハケンの品格 파견의 품격(드라마 제목)

일본 대중문화 소개

12) 오와라이

일본에서 개그에 해당하는 말은 '오와라이(お笑い)'로 개그맨들을 일컬어 흔히 '오와라이 게이닌(お笑い芸人)'또는 '오와라이 탤런트(お笑いタレント)'라고 한다. 일본에서는 관객과 직접 소통하는 공간으로서의 예능 공연장인 '요세(寄席)'를 무대로 한 라쿠고(落語), 만자이(漫才), 강담(講談) 등이 서민들의 삶에 밀착한 형태로 발전해왔다. 특히 간사이 지방에서 탄생한 만자이라고 하는 독자적인 예능은 요시모토 흥업을 중심으로 많은 개그맨(오와라이 연예인)들을 배출해왔다. 만자이에서는 바보 역할을 하는 '보케'와 태클을 거는 역할을 하는 '츳코미'가 콤비를 이루어 청중의 웃음을 산다.

라쿠고는 일인 다역으로 청중에게 웃음을 선사하는 무대예술이다. 1966년부터 니혼테레비에서 방영되고 있는 <쇼텐(笑点)>은 20프로 후반대의 꾸준한 시청률을 자랑하는 인기프로로, 인기 라쿠고카들이 출연하는 라쿠고 전문 프로그램이다.

임태균(任苔均)

니혼대학 석사(국제관계학)
오사카대학 박사(비교문학)
현 성결대학교 글로벌물류학과 교수

이시윤(李施昀)/舊名李一淑

일본오차노미즈여자대학 석사 및 박사(비교문화학박사)
전 성결대학교 글로벌물류학과 교수

아이자와 유카(相澤由佳)

고려대학교 교육대학원 일어교육전공 석사(교육학)
고려대학교 일어일문학과 박사과정 수료
현 성결대학교 글로벌물류학과 교수

기초 탄탄 일본어

초판 1쇄 발행 _ 2020년 8월 31일
1판 2쇄 발행 _ 2025년 3월 3일

저　자 · 임태균 · 이시윤 · 아이자와 유카
발행인 · 정 현 걸
발　행 · 신 아 사
인　쇄 · 한승인쇄
주　소 · 서울특별시 은평구 통일로 59길 4 (2F)
전　화 · (02) 382-6411　팩스 · (02) 382-6401
홈페이지 · www.shinasa.co.kr
E-mail · shinasa@daum.net
출판등록 · 1956년 1월 5일 (제 9-52호)

ISBN 978-89-8396-706-0 (93730)

정가 15,000원